歩いて読みとく地域経済

地域の営みから考えるまち歩き入門

山納 洋 著
Yamanoh Hiroshi

学芸出版社

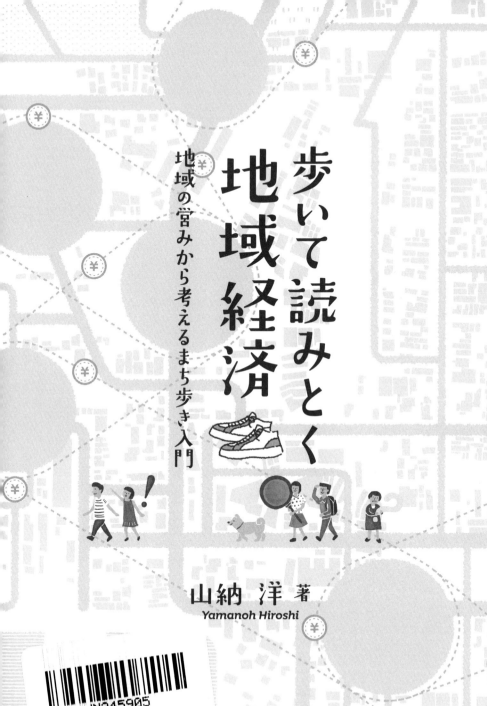

はじめに

この本を手に取っていただいたみなさま、ありがとうございます。

僕は２０１４年に「Walkin'About」というまちあるき企画を始めました。これは、参加者の方々に90分間まちを自由に歩いていただき、その後に集合してそれぞれが見聞きしたことをシェアするというものです。Walkin'Aboutでは、これまでに近畿2府4県を中心に１１０ヶ所のまちを巡ってきました（２０２５年2月末現在）。２０１９年には、まちあるきを通して見えてきた「まちのここがこうなっているのにはこんな理由がある」「ここを見ればまちの歴史や現状がわかる」といった〃まちを読み解くための視点〃を『歩いて読みとく地域デザイン』という本にまとめています。

今回の『歩いて読みとく地域経済』は、その第2弾です。今回は文字通り〃地域の経済〃にフォーカスしています。

まちを歩いていると、僕らは地域の経済活動について、さまざまな発見をします。そこで出会うのは、昔から変わらず営まれている活動であることも、今では失われているけれど、かつてはこういう営みがあったと分かる痕跡であることもあります。そうした発見があると、僕らは地域の人に話を聞いたり、地域史を調べたり、推理を巡らせたりします。

特に過去の経済活動について考える時には、「鉄道や自動車の登場以前にはどうやってものを運んでいたのか」「スーパーやコンビニがなかった時代にはどこで買い物をしていたのか」というように、今では当たり前のものがなかった時代を想像する〃引き算力〃が必要です。そこから僕らは時代がどう移り変わってきたのかを知り、その変化を前にして人々がどんな〃葛藤〃を抱いたのかを想像することになりますが、それは時に、一本の良質な芝居を観たかのような体験をもたらしてくれます。その味わいについてお伝えしてみたいと思います。

同時に、現在の経済活動の多くは、地域に根差し、地域内で完結するものではなくなっている、という点にも気づきます。企業活動がスケール化し、全国や世界で生産や販売を行うようになると、地域の風景が画一化し、独自性が失われていきます。そしてまた、目の前にある経済活動が私たちの暮らしとどうつながっているのかを理解することが困難になります。〝地域による、地域のための経済〟からは少し離れますが、私たちの社会はどう成り立っているのかという観点から、このブラックボックスにも取り組んでみたいと思います。

一方で、自分たちの地域を支え、豊かにしていくための取り組みや、地域のアイデンティティを守り、地域内での経済循環を生み出そうとしている営みは、多くの地域に残されており、また新たな取り組みもあちこちで見られます。今回の本ではそのような〝コモンズ〟を志向する経済活動についても考えを深めていきます。

それでは、最後までどうぞお楽しみください。

目次

第3章 製造業にまつわる経済 49

第 1 章

生活史のリテラシー

1 まち観察企画「Walkin' About」

Walkin' Aboutは、参加いただくみなさんに、思い思いのコースをたどっていただくまちあるきです。参加者の方々には、ある町の駅の改札などに集合いただき、簡単にエリアの説明をした後に解散。そこから90分間自由にまちを歩いていただきます。一人で歩いても、何人かで歩いても、歩かずに喫茶店や居酒屋に行ってもOKで、90分後に再集合し、喫茶店などでそれぞれの見聞や体験を発表いただきます。

Walkin' Aboutの目的は「まちのリサーチ」です。そこがどういう街なのか、どんな歴史があり、今はどんな状態で、これからどうなりそうかを、まちを歩きながら、まちの人に話を聞きながら探っていました。

■これまでに実施した場所

【大阪】八幡屋・築港・三国・松屋町・上本町・美章園・木津卸売市場・野田・北野・西九条・姫島・蒲生四丁目・中之島・淡路・中津・平野・十三・鶴橋・京橋・淀屋橋・扇町（大阪市）住道・野崎・鴻池新田・四条畷（大東市）尾崎（阪南市）庄内・服部天神（豊中市）茨木市（茨木市）吹田（吹田市）瓢箪山・荒本・布施・長瀬（東大阪市）藤井寺（藤井寺市）高槻市・富田（高槻市）枚方市・樟葉（枚方市）深井・堺東・宿院・中百舌鳥（堺市）古川橋（門真市）羽衣（高石市）寝屋川（寝屋川市）近鉄八尾・恩智（八尾市）水無瀬（島本町）池田（池田市）富田林（富田林市）守口（守口市）泉佐野（泉佐野市）岸和田（岸和田市）

【兵庫】新開地・和田岬・三ノ宮・神戸港（3回）・深江・ポーアイ・塩屋・王子公園・新長田（神戸市）船坂・甲子園・阪神西宮（西宮市）川西能勢口（川西市）姫路（姫路市）高砂（高砂市）三田（三田市）小林・逆瀬川・宝塚・仁川（宝塚市）園田・立花・塚口（尼崎市）伊丹（伊丹市）龍野（たつの市）播州赤穂（赤穂市）明石（明石市）

【京都】中書島・河原町・桂・京都駅・山科・西陣・洛西口・出町柳（京都市）大山崎（大山崎町）長池（城陽市）宇治（宇治市）木津（木津川市）
【奈良】ＪＲ奈良・近鉄奈良（奈良市）王寺（王寺町）郡山（大和郡山市）
【滋賀】草津・南草津（草津市）石山（大津市）
【和歌山】和歌山（和歌山市）

2 まち読みの視点

まちを観るための方法は、誰もが何かしらの形で持っています。Walkin' Aboutでは名所旧跡や名店を訪ねる観光の目線だけでなく、「ここで暮らすと便利かな？」という生活者の目線、「このお店にはどんなお客さんが来るのだろう？」というマーケティング目線、「自分がこのまちで店を出すとしたら、どこに出すだろう」という出店者目線、「どういう経緯でこういう開発になったのか？」という都市プランナー目線、「このまちにはどんな社会課題があるのだろう」という行政目線などが参加者から持ち込まれ、多くの気づきを得ることができるのですが、そのすべてを紹介するのは大変なので、ここでは僕がはじめて訪れるまちで何を見ているのか、そこから何を探っているのかを簡単に紹介します。

3 まち読みのために　その１
出会った「謎」を大事にする

まちを歩いていると、目の前にさまざまな「謎」が立ち現れます。そうした時には近くのお店で尋ねたり、

写真1

ネットで調べたりします。するとそこから、そのまちの新たな側面が明らかになってきます。大事なことは、こちらから何らかの働きかけをしないと、謎は謎のままで終わるということです。

以前、神戸・新開地でのWalkin' Aboutで、まちにある8軒の立ち喰いうどんを制覇したという強者がおられましたが、その方が発見したのは「立ち喰いうどん屋はすべてパチンコ屋の前にある」という事実でした。その理由をお店の方に聞いてみると、「商売替えでそうなった」のだと。たとえば靴屋が流行らなくなった時に、商店街の集まりなどで「それなら、立ち喰いうどんをすればいい」と勧められ、今のような状態になったのだそうです（**写真1**）。

4 まち読みのために　その2
昔からあるものに注目する

まちには現在だけでなく、過去のさまざまな時代に

写真2

作られた建物や区画や構造物が複層的に残されています。古い民家、地蔵、水路、大きく育った木、路傍に大きな石があるところは、おそらく50年、100年前にも集落だったのでしょう。そのそばにアパートやマンションなどが建っている場合には、かつてそこには田畑か大きな屋敷などがあったのでしょう。

昔からそこにあるものに注目することで、そのまちには昔はどういう暮らしがあり、どういう経済に従っていたのかを推察することができます。

写真2は、ＪＲ山科駅から東へ５００ｍほどの、東海道沿いにある徳林庵で見かけた井戸です。「京都 大坂 名古屋 金澤 奥州 上州 宰領中」の文字が見えます。

「宰領」とは旅行者や荷物の運搬などを行う飛脚の取りまとめ役のことです。この井戸は宰領が奉納したもので、東海道の運送往来の牛馬の水飲み場として使われていたそうです。

東海道は江戸時代に整備された、江戸日本橋から

写真3

京都三条大橋を結ぶ全長約４９０㎞の街道です。53の宿場が整備され、宿泊機能、人馬の継立《つぎたて》、通信業務を担っていました。その中の通信業務の実際の担い手が飛脚です。飛脚が運んだものは、信書や小荷物から金銀にまで及んでいました。

この井戸の存在から、東海道が交通・物流の幹線路であり、現在の石川県、岩手県、群馬県とつながっていたこと、飛脚同士のネットワークが存在していたことを窺い知ることができます。街道を往来した飛脚たちはおそらく、問屋場や飛脚宿で自身と荷物を守るための情報を交換していたのでしょう。

5 まち読みのために　その3
生活者の視点でまちを観る

どんな人でも自分の住んでいるまちには詳しく、生活者の視点でまちを観ることには慣れているはずです。駅からの距離、生活に必要な施設やお店の存在、安全性、愛着が持てそうな場所など、自分がそ

写真4

こで暮らすとしたらという視点からまちを探るという方法は、知らないまちを読み解く時に有効なだけでなく、より良いまちをデザインするために不可欠でもあります。

写真3はＪＲ神戸線摩耶駅の駅舎です。手前の二階部分にあるのは認定こども園です。

摩耶駅の開業は２０１６年（平成28年）。もともと貨物操車場だった場所に建てられています。開業に合わせて、ＪＲが線路の両側に保有していた土地に約７００戸のマンションが建てられています。このマンションに新たに住む子育て世帯が、ここで子どもを預け、電車に乗って通勤できるように、こういう立地になっているわけですね。

6 まち読みのために　その4
誰かの意図に気づく

まちに残されている建物や構造物の背景には、さまざまな時代の人々が、それぞれの時代に凝らした

写真5

「意図」が存在しています。「なぜこんな風にデザインしたんだろう？」と問い、つくり手の意図を探っていく作業は、芝居を読み解く作業にも通じるところがあります。

写真4は大阪市港区の尻無川沿いの風景です。左側の瓦屋根の平屋も、右側のビルも瓦問屋の建物です。この町では淡路島から運ばれてきた瓦を商っていますが、左側は水運で瓦を運んでいた頃の建物で、右側は時代が下り、車で瓦を運ぶようになった時代に建てられたものなのでしょう。

7 まち読みのために　その5
ドラマを読み解く

何気なくまちに残されたものを探るうちに、人々の暮らしをめぐるドラマが垣間見えることがあります。ある時代に、誰かの強い意志によって実現した経済活動が、時代や環境が大きく変化していく中で

写真6
住吉病院ロビーの展示より

つながりが見えにくくなり、ほとんどの人に忘れられてしまっている。それがなぜそこにあるのか、その必然性に気づくと、1本の素晴らしい芝居を観たような気分にもなります。それは例えばこういうものです。

写真5は大阪市北区中之島にある住友病院です。この病院のロビーには、こんな展示がありました（**写真6**）。左にある石には「金鉱石」、右側のわらで編まれたものには「小鉑《こばく》」と書かれています。では、なぜ、病院に金鉱石が飾られているのでしょう？

この金鉱石は住友金属鉱山・菱刈鉱山（鹿児島県）から産出したものです。住友グループの源流企業は1590年（天正18年）創業の住友金属鉱山で、1691年（元禄4年）には住友家4代目・住友吉左衛門友芳が現在の愛媛県新居浜市に別子銅山を開発しています。

別子銅山の祭神である大山積神社ではかつて、大《おお》鉑祭《ばくさい》という行事が元旦に行われていました。銅山で働く人たちの安全と銅山の繁栄を祈願して、前の年に採れた最良の鉱石をしめ縄で飾ってそりに載せ、はっぴ姿の従業者が雪の中を歌いながら引き綱で神前に運んでいたと、後ろにある額に書かれています。小鉑《こばく》はその小型版で、かつては住友家の床の間に飾られていたそうです。

住友病院は1921年（大正10年）に住友グループの社会貢献活動の一環として、地域の方々に質の高い医療を提供することを目的に、此花区恩貴島に開設されました。中之島への移転は1960年（昭和35年）、現在の建物は2000年（平成12年）に建てられています。別子銅山は1973年（昭和48年）に閉山していますが、病院のロビーに置かれた金鉱石と小鉑から、僕らは鉱山から病院に至る住友の歩みに思いを馳せることができるのです。

第2章以降は、こうした「まちの読み解き方」を携えて、地域社会の経済的側面を探っていきます。

第 2 章
農林水産業にまつわる経済

写真1

1 田畑輪換《でんぱたりんかん》
水田ではコメ以外も作られている

写真1は9月初めに兵庫県豊岡市で撮ったものです。左側の田んぼには刈り取り直前の稲穂が、右側には青く茂った麦の穂が見えます。

みなさん、「二毛作」を覚えているでしょうか。気候が温暖な地域で、秋に稲刈りをした後に麦を植え、田植え前に刈り取り、2種類の作物を栽培するという耕作の手法です。

ここでは、米と麦を同時に栽培しています。ということは二毛作ではなさそう。では、これはどういう状態なのでしょう?

ここで行われているのは、「田畑輪換」です。水田を活用して、一定の期間ごとに稲作と畑作をスイッチしているのです。

日本では戦後、作られたすべての米を国が購入し、米価を維持する政策が取られていました。食糧増産を目的に肥料や農業用機械の導入などが進めら

写真2

れ、米の生産量は大きく増加しましたが、一方で食卓の欧米化の進行により米離れが進み、米が余るようになりました。そこで政府は１９７０年代に、米の生産数量目標の配分をおこない、作付面積の縮小や転作を奨励するようになりました。いわゆる「減反政策」です。この政策は２０１８年に廃止されましたが、食用米を麦・大豆・飼料作物・加工用米などの〝戦略的作物〟に転作する場合には交付金が支給されています。

国内での転作では、「ブロックローテーション」と呼ばれる、水田をいくつかの区画に分けて集団転作を行う農法が広く行われています。また近年では、水田を畑地化して畑作物の本作化に取り組む農業者への支援策も取られています。ただし底に粘土層があり、水を貯めておく構造になっている水田での畑作では、麦類や大豆が水に浸からず育つよう、しっかりと排水対策をしておく必要がありますが。

写真2は同じく豊岡市の六方平野で見かけた水田です。真ん中に見える看板には「コウノトリ育む農

法の契約栽培圃場 環境と体にやさしい豆腐をつくる大豆畑」と書かれています。つまりここは、水田であり大豆畑なのです。

「コウノトリ育む農法」とは、冬の間にも田んぼに水を張っておいたり、田植えの1カ月前から水を張ったりすることで、コウノトリの餌となる多くの生物を育みつつ、無農薬・減農薬で栽培するという、豊岡で生み出された農法です。かつて農薬の使用がコウノトリの絶滅を招いたことへの反省から取り組まれ、現在ではこの農法で作られた農産物を豊岡のブランド産品として発信しています。

日本の稲作地帯では2007年～2008年頃に、村単位で農事組合法人を設立して農業生産をおこなう「集落営農」が広がっています。農業従事者の兼業化や高齢化の進展により担い手が不足し、遊休農地が増加する中、農機、農業施設、農地などを共同利用しながら生産を助け合うことで、地域農業を維持・発展させるための方法として普及が進んできました。2023年2月時点でその数は1万4千余りにのぼっています。上の「コウノトリ育む農法」の田んぼも農事組合法人によって営まれています。

日本では近年まで、各農家がトラクターや田植え機、コンバインを所有して耕作を行っていましたが、農業機械が稼働するのは年間に限られた日数です。そこで機械を共有し、作業を共同で行うようにすると効率が上がります。ただし規模が大きくなると、田植えや稲刈りなどの時期に機械の利用が集中します。そこでブロックローテーションを活用し、栽培する米の品種を変えたり、麦や大豆などを加えたりすることで、作業期をずらすといった工夫も行っているのです。ただ、多くの法人では近年、集落営農の構成メンバーの高齢化により組織自体を維持していくのが難しい局面を迎えているとも聞きます。

写真3

2 二毛作地域の産物

裏作がもたらした豊かな経済

写真3はＪＲ姫路駅前にある、手延べそうめん「揖保乃糸」の看板です。ネオン看板はかつては大阪にも神戸にもありましたが、今となっては絶滅危惧種です。長く残ってほしいものです。

「揖保乃糸」はテレビＣＭも流していますが、ひとつの工場で作っているのではありません。そうめんを作っているのは兵庫県手延素麺協同組合に加盟する、つまり多くの生産者によって構成された組織なのです。原料は組合が組合員に支給または指定し、製造方法の指導を行い、厳密な検査を実施して商品のクオリティを保っています。

組合の事務所は、兵庫県たつの市にあります（**写真4**）。設立は１８８７年（明治20年）で、組合員の数は約４００名。年商は１６３億円（２０２４年実績）になります。

龍野のそうめん作りは約６００年前に始まり、冬

写真4

写真5

場の農閑期を利用した農家の副業として営まれてきました。原料は小麦粉、塩、綿実油で、小麦は米の裏作で作られていました。つまり播州地方で米麦二毛作を行っていたこと、塩の産地・赤穂が近かったことが、龍野のそうめん作りのベースにあるのです。

生産が本格化したのは18世紀後半で、19世紀初めには龍野藩が産物の保護育成を始めています。組合では設立当初から「揖保乃糸」のブランド化に取り組み、大正時代にはキャラバン隊による宣伝活動や、飛行機による宣伝ビラ散布などを積極的に行ったそうです。

組合事務所のそばには、ヒガシマル醤油の本社と工場があります（**写真5**）。現在の工場は揖保川東岸に建っていますが、かつて醤油は西岸の龍野城下町で作られていました。

城下町には「うすくち龍野醤油資料館」（**写真6**）があります。1932年（昭和7年）に菊一醤油の本社として建てられた建物に、江戸時代からの醤油醸造用具や資料などが展示されています。周囲には醤油蔵を改修したカフェや劇場などもあります（**地図1**）。

龍野で醤油の製造が始まったのは16世紀のことです。当初は一般的な醤油を造っていましたが、17世紀に円《まる》尾《お》孫《まご》右《え》衛門《もん》長徳《ながのり》により色のうすい淡口《うすくち》醤油が開発され、素材の持ち味を生かす醤油として好評を博しました。1672年（寛文12年）に信濃の飯田から龍野藩

地図1

写真6

©OpenStreetMapcontributors

に転封となった脇坂安政公が生産を奨励したことで、淡口醤油は龍野の特産品としての地盤を築きました。

淡口醤油に使われているのは、播州平野の小麦と米、佐用・宍粟《しそう》の三日月大豆、赤穂の塩です。つまりそうめん同様に、龍野が米麦二毛作地帯だったことから生まれた名産なのです。龍野では、裏作が地域に豊かな経済をもたらしていたのですね。

ヒガシマル醤油は、「龍野乃刻」というプレミアム淡口醤油を醸造しています。播磨産の大豆、小麦、米、水と赤穂の塩を使い、春に仕込んで秋に搾る伝統的な製法で作られています。

龍野醤油の原料は戦前には海外産の小麦・大豆に替わっていましたが、ヒガシマルでは地元の穀物商にコーディネートを依頼し、JAに協力を求め、行政や生産者との連携関係を築いて伝統的な醤油作りを復活させました。地元の農家では当時、通常の製粉用小麦を栽培していましたが、県・市の研究普及機関の協力のもと、醤油に適した完熟小麦に変え、「小麦・大豆・米」の2年3毛作の輪作体系を採って醤油の原料として供給しています。さきほどみたブロックローテーションですね。

写真7

3 近郊農業のいま

キーワードは「ブランド化」

ＪＲ阪和線日根野駅から西に３㎞ほどの田畑の中に「射手矢《いてや》農園」はあります（**写真7**）。

同農園では泉州たまねぎ「長左エ門」（**写真8**）や「松波キャベツ」などを栽培しています。27haの広大な農地を使い、米・キャベツ・たまねぎの３種類を２年５毛作で回すローテーション栽培をされています。

泉佐野市域では、江戸時代には綿花やサトウキビ、菜種などが栽培されていました。明治期になり、綿花は海外からの輸入品に駆逐され、菜種も灯火用の油の需要が石油に置き換えられたことで、栽培を減らしていきました。

たまねぎは１８８３年（明治16年）頃に泉南地方を干害が襲った時に地域に導入され、菜種に代わる稲の裏作として明治中期以降に急成長し、全国一の生産高を誇るまでになりました。昭和の初めには南

写真8

写真9

海鉄道や阪和電気鉄道にはたまねぎ専用の電車が走り、天王寺経由で全国に運搬されていたそうです。最盛期の1960年（昭和35年）には4千haを越えるまでになりましたが、淡路島をはじめとした他県産地の急成長により、かつてのような地位を占めることはなくなっています。

キャベツの栽培が盛んになったのは昭和30年代のことです。昭和50年代には静岡の種苗会社が開発した「松波キャベツ」が導入されました。冬にできる寒玉キャベツで、寒さから身を守るために糖度を高めるといわれ、甘いものでは糖度10度以上にもなるそうです。

水なすも泉州地方で広く栽培されています（**写真9**）。皮が薄くて瑞々しく、アクがほとんどないため生食できます。泉州の地質は水はけがよく、海が近いことで地下水にも塩分が混じり、温暖な気候のため蒸発していく水分を保持するために、大量の水分をため込むように適応したと考えられています。

野菜や果樹には、長期保存に向くものと、鮮度期間が短い、傷みやすいなどの理由から保存や輸送に向かないものとがあります。泉佐野でいうと、前者がたまねぎで、後者が水なすです。水なすは風で揺れた葉が実に触れるだけで傷になり、固くなってしまうほどデリケートであるため、栽培や出荷にあたっては細心の注意を払っています。昔は地元だけで消費されていましたが、近年は近畿地方の市場を中心に出荷され、新たな泉佐野の名産品となりつつあります。

野菜や果樹の産地はかつて、消費地である大都市近郊に存在していましたが、高速道路網の整備、低温倉庫やトラック向けの冷凍システムの普及などにより立地の制約が緩くなり、さらにビニールハウスを用いた加温栽培を行うことで、低コストで野菜や果樹を量産する地方産地が台頭してきました。

そのため、大都市近郊の産地では直売や体験農園などへのビジネスモデルの転換や、生産物のブランディングに取り組んでいます。射手矢農園の「長左エ門」や「松波キャベツ」もそうです。泉佐野市では、地元産のたまねぎやキャベツ、水なすのブランドをPRするため、泉佐野産普及《もん》促進事業を行っています。

4 果樹の産地
6次産業化が地域を支える

写真10は和歌山県有田市糸我町《いとがちょう》のみかん畑です。JR紀勢本線・紀伊宮原駅から南へ2㎞ほどの場所にあります。このあたりでは山の斜面一面にみかんの木が植えられています。

有田川両岸には山地が広がり、水田が少なく、かつては見るべき産物のない貧窮の地だったそうです。糸我村で農業を営んでいた伊藤孫右衛門はこの地に産業を興そうと考え、畑を開墾して様々な木を植えてみましたが、良いものをなかなか見出せませんでした。

1574年（天正2年）、孫右衛門は肥後国の八代（現在の熊本県八代市）にみかんという木があり、山地でも育ち、収益も少なくないと聞きました。そして和歌山の荘官に願い出て、肥後の国に赴きました。八代で

写真10

はみかんの木は藩外不出でしたが、孫右衛門は盆栽として栽培するためと偽り、2本を和歌山と糸我に持ち帰りました。そのうち糸我に持ち帰った木が根付き、接ぎ木によって増えたことで、有田でみかん栽培が広がったと言われています。

僕が10月に行った時には、すでに実は色づいていました。ちょうど極早生《ごくわせ》の収穫が始まったところで、11月には早生《わせ》、年末になると中生《なかて》・晩生《おくて》のみかんが獲れるのだそうです。そこで農家の方から「日南」と「ゆら」をいただきました。そして糸我の隣の集落には孫右衛門の末裔の方々が住んでおられるという話を伺いました。行ってみると、確かに伊藤の苗字の表札が並ぶ一角がありました。孫右衛門伝承は実話のようです。

有田みかんのように、果樹の多くは他の作物の栽培が困難な傾斜地で栽培されています。収穫やせん定など機械化が困難な作業が多く、農家の方が高齢になると継続が難しくなります。そのため多くの産地で、栽培面積は減りつつあります。

写真11

写真12

紀伊宮原駅から東へ徒歩10分ほど行くと、山裾に「早和《そうわ》果樹園」のみかん畑と本社が見えてきます（**写真11**）。本社横にはショップが併設され（**写真12**）、ジュースや缶詰、菓子などの加工品が販売されています。

早和果樹園の前身は、1979年（昭和54年）に7戸のみかん農家で立ち上げた「早和共撰組合」です。現在は株式会社化し、自社園地で栽培した温州みかんや地域農家のみかんをネットで販売したり、東京や新潟の市場に出荷したり、ジュース、ゼリー、ジャムなどの加工品を製造し、各地に出向いて販売されたりしています。

このように、生産者が産品を収穫または収獲して出荷するだけでなく、加工食品を製造し、流通や販売までを手掛けることを「6次産業化」といいます。

「田畑輪換」のところで触れた集落営農と同様に、個々の農家が集まり集団化することで、生産規模を増やし、加工品の製造や販売を手がけ、プロモーションに力を入れることができるようになります。結果として若い人たちが新たに働き手となり、地域の農業を支えている、そういうサイクルが生まれていました。

写真13

5 農産物直売所

生産地にマーケットを作り、消費者に来てもらう

写真13は神戸市北区にある「道の駅淡河《おうご》」のいちごの棚です。1月初旬の昼12時に行った時には「紅ほっぺ」は残り1つでした。店員によると、朝10時の開店時には上に書かれている6種類全てが入荷されていたそうですが。

写真14は道の駅の近くにあるビニールハウス内の様子です。高さ1m程の所にプランターが設置され、いちごの実がなっているのが見えます。

この装置は兵庫県の農林水産技術総合センターが開発したもので、いちごは養液で栽培されています。土壌病害の心配が少なく、栽培作業の負担を軽減でき、電気代や暖房費を抑えることもできるそうです。こちらの農園では、4棟のビニールハウスの中で、おいCベリー、やよいひめ、章姫の3種類を栽培しています。

いちごは7月頃に育苗、9月に定植を行い、12月

写真14

写真15

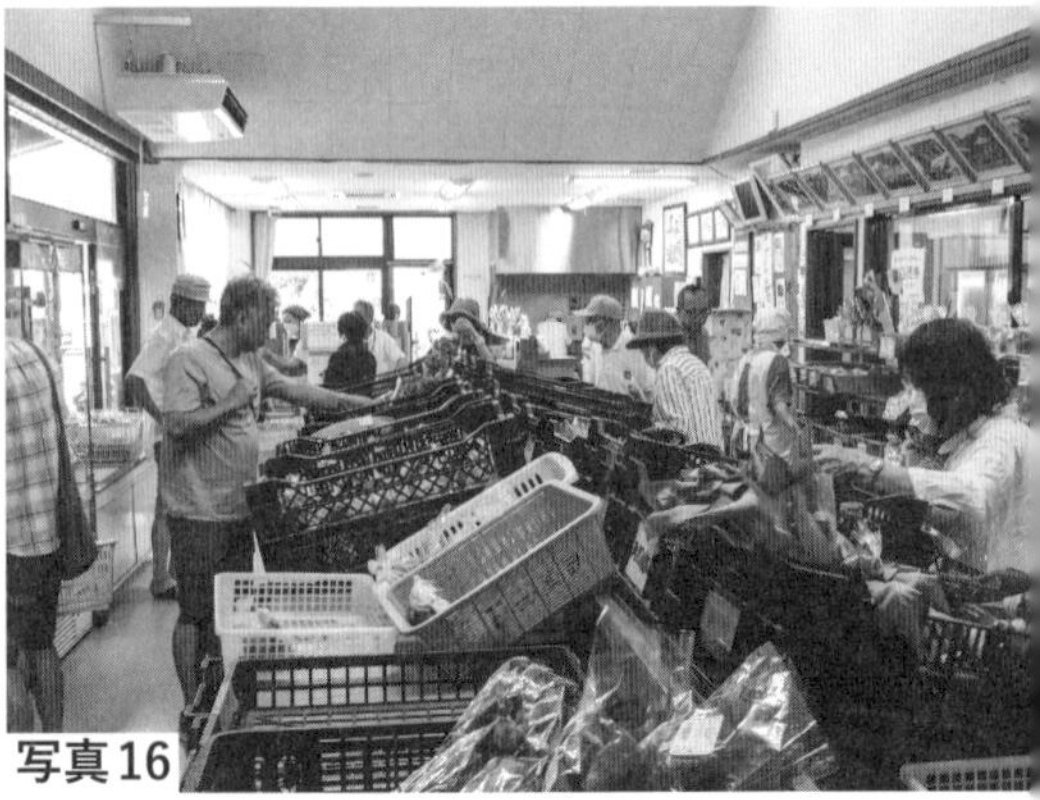
写真16

から翌年の5月一杯までが収穫期となります。繁忙期が稲作とずれるので、農家は米といちごの両方を手がけることができます。こちらの農家はもともと米農家でしたが、２００３年（平成15年）の道の駅オープンを機にいちご栽培を始めたそうです。淡河のいちご農家のほとんどはこのタイミングで就農しており、収穫したいちごを日々ここに持ち込んでいるそうです。

いちごは鮮度期間が短い果物ですが、淡河では特に果肉が柔らかく、輸送には不向きな品種が作られています。それを知っている人たちが淡河まで足を運んでいるので、品薄なのでしょう。

写真15、16は大阪府茨木市にある農産物直売所「de愛・ほっこり見山の郷」です。市街地からは車で約30分、標高３００～４５０ｍの中山間地にあり、地元産の米や野菜、花卉類やしいたけ、「竜王みそ」「見山豆腐」などの加工品や季節の野菜、山菜の佃煮、漬物、惣菜、パンなどを販売しています。茶店では炊き込みご飯、山

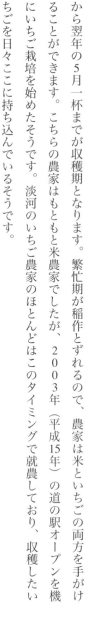

写真17

菜の天ぷらうどん、鯖寿司や餅などが味わえます。

この直売所を立ち上げたのは、見山で農業を営む女性の方々です。自家用に生産していた味噌を商品として加工・販売する取り組みを始め、そこから農産加工と販売と茶店の機能を持った施設の建設を提案しました。そして農事組合法人を設立し、行政の支援を受けて２００２年（平成14年）にオープンしています。

生産地から都会に出向いて農作物を販売するのではなく、生産地に直売所を作り、消費者に足を運んでもらうようにする。こういう形で地域に経済活動を生み出す取り組みが、近年あちこちで進んでいます。

6 林業地域

木材の周辺にはさまざまな産業がある

写真17は奈良県吉野郡川上村で撮ったものです。吉野川に面してそびえたった崖に「土倉翁造林頌徳記念」と書かれています。奥の山々には針葉樹林が見えます。

土倉《どぐら》翁こと土倉庄三郎は川上村の山林地主で、土倉式と呼ばれる、通常の3倍近い本数の苗を植え、間伐を繰り返して高さと強さ

写真18

をあわせ持つ良質な杉材を作り出す造林法を生み出し、地域林業の発展に大きく貢献しました。

吉野は山間地で、平らな土地がほとんどありません。かつては焼畑農業に従っていましたが、今から500年程前、室町時代後期に造林が行われるようになり、豊臣秀吉が大坂城や伏見城を建てた天正年間に吉野材が大量に搬出されるようになりました。以降、吉野は林業にまつわる経済を発達させていきました（**地図2**）。

吉野には、山林所有者である「山主」が「山守」に山の管理を任せる制度があります。山守は地ごしらえをし、苗を植え、下草を刈り、枝打ち、間伐をして、50年以上育てた木を伐ります。伐り出す段階で山守は山主から木を購入し、伐った木を市場で販売します。つまり山守は資金繰りの心配なく、木を守り育てる仕事に携われるのです。

写真18は、植林後280年ほどになる林です。よく手入れされ、日光が地表に届いていました。

かつては伐られた木はいかだに組まれ、吉野川に流され上市《かみいち》まで運ばれていましたが、戦後、6トントラックの登場とともにトラック輸送に切り替わり、いかだ師たちはトラック運転手などに仕事替えをしました。その後はヘリコプターで輸送されるようになりましたが、近年では木の値段が下がり、ヘリのチャーター代が上がったために、トラックや集材機への運搬に戻っているそうです。

近鉄吉野神宮駅近くには原木市場と製材市場があり、界隈には製材所が集積しています。山から運ばれた木は原木市場で競りにかけられ、製材所で加工され、製材市場で競りにかけられた後に全国に出荷されます。僕が訪れた時には原木市場にはヒノキの木が積み上げられ（写真19）、製材所は稼働しており（写真20）、木材産業の中心地としての威容を誇っていました。

駅近くの喫茶店の店主によると、昔は製材所の人たちは大阪・北新地のお店を借り切るほど羽振りが良く、

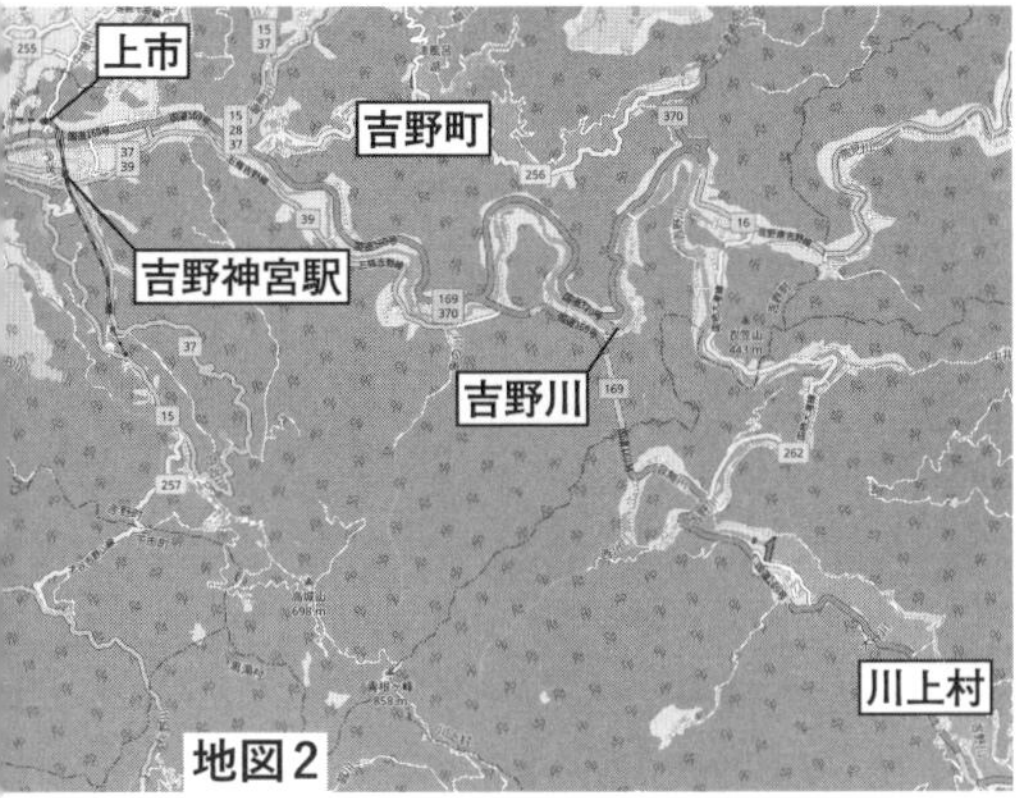

地図2
©OpenStreetMapcontributors

写真19

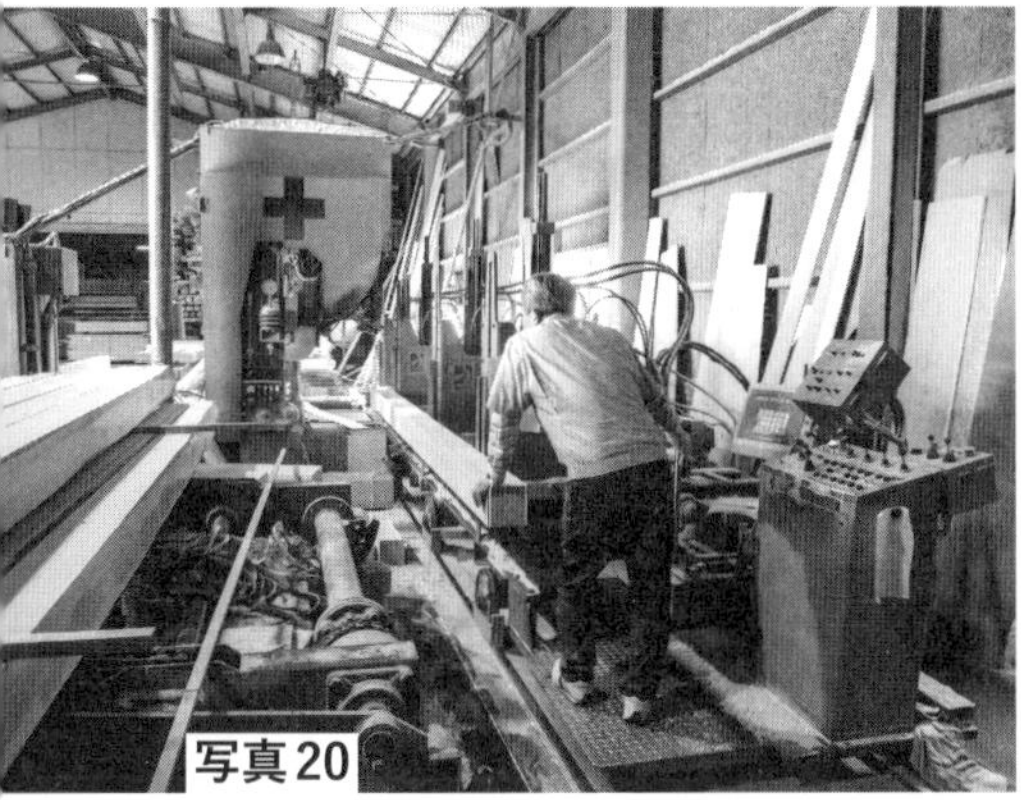
写真20

写真21

「吉野ダラー」とも称されていたそうです。現在、辺りの製材所も働き手も、往時の半分以下になっています。木造一軒家の需要が減り、今では資産家や高級料理店、神社・仏閣などからの依頼が中心になり、そのため若い人たちが植林や枝打ちの経験を積めず、間伐の手も回らなくなってきているのだと。

近年、木材価格の低迷により林業経営は厳しい状況に置かれ、林業従事者の高齢化、担い手不足、不在所有者の増加により森林の荒廃が進んでいましたが、２０２０年に起こったコロナ禍により、ウッドショックと呼ばれる木材需要の高まりに端を発した木材不足と価格高騰が起きたことで、国産材利用の動きも進んでいます。

ところで、吉野には割箸製造という産業もあります。丸太の中心部分は木材として使われますが、材を切り出した後の端材はかつては樽丸（酒樽用の木材）として使われていました。吉野での樽丸製作は享保年間に始まり、明治から昭和初期に最盛期を迎えています。そして割箸は、江戸時代に樽丸の材料の端材を用いて作られるようになりました。

製材所が集まる上市付近には、割箸工場が今も集積しています（**写真21**）。工程は機械化されていて、端材から取った板を機械に入れると、次々と割箸の形になって出てきます。山から伐り出した木

写真22

材資源を余すところなく使うように周辺産業が生まれている、というあたりが興味深いですね。

7 沿岸漁業の港

多様な魚種をあつかう市場ができる

写真22は明石・魚の棚《うおんたな》商店街で見かけたヒラメとガシラ（アカメバル）です。真ん中に「ひる網」の文字が見えますが、これは「今日網にかかったばかりの魚」という意味です。漁師が朝に水揚げした新鮮な魚は、朝11時から始まる競りを経て、その日のうちに魚屋の店先に並びます。明石で暮らすと、朝に獲れた魚が夜の食卓を彩るという贅沢が味わえるわけです。

明石の南側には淡路島があり、明石海峡が本土と島とを隔てています。海峡周辺は潮流が速く、潮が巻き上げた砂で形成された鹿ノ瀬《しかのせ》と呼ばれる浅瀬が広がり、瀬戸内海屈指の漁場となっています。明石では鹿ノ瀬を中心に、底びき網、船びき網、刺網、

写真23

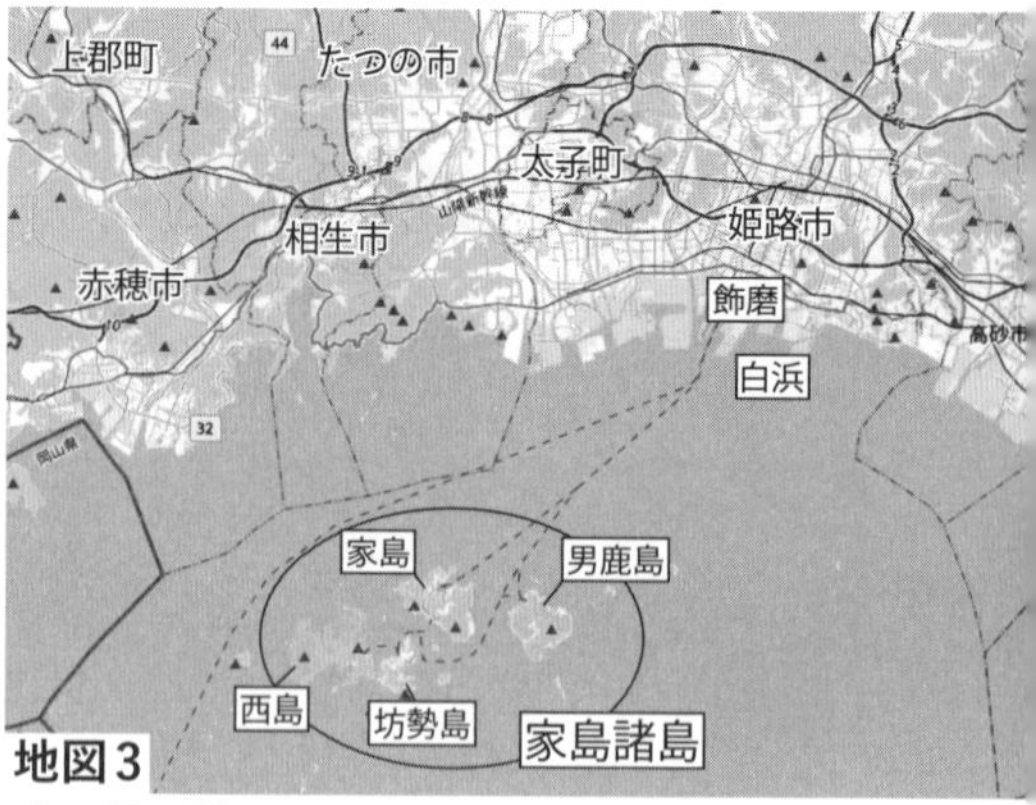

地図3

©OpenStreetMapcontributors

ひき網、たこつぼ、ひきなわなどが行われ、タコやタイをはじめ、スズキ、ヒラメ、カレイ、イカナゴ、イワシなどを獲っており、冬場にはのりの養殖も盛んに行われます。

沿岸漁業は、単一の魚種を大量に獲るというより、その日網にかかったものを市場に出すスタイルになります。だから多様な魚種が店先に並ぶわけですね。

家島《いえしま》諸島にある坊勢島《ぼうぜじま》も、沿岸漁業という点で興味深い場所です（**写真23、24**）。姫路港からフェリーで30分で行くことができます（**地図3**）。

以前、姫路港近くにあるお好み焼き「さゞ浪」で、「船長」と呼ばれる坊勢島の漁師とお会いしたことがあります。彼は獲った魚を船に載せて夕方に飾磨《しかま》に着き、翌朝にお店の前にある魚市場で競りに出すため、週のうち何日かは本土側に泊まるのだそうです。

坊勢島は人口が約2千人で、その7～8割が漁業に従事する漁業の島です。家島諸島周辺の海域で刺し網、かご網、定置網、底びき網、船びき網、まき網など様々な漁業を展開し、カサゴ、メバル、サザエ、ナマコ、シャコ、カレイ、イワシ、ハマチ、アジ、サバ、エビ、カニ、イカ、タコ、イカナゴ、シラスなどを獲り、のり、カキの養殖も行っています。

写真24

写真25

坊勢漁協の漁獲高は県内トップクラスで、組合員一人当たりの年収は約１千万円にもなるそうです。ただ、水産資源減少の影響を大きく受けており、漁協では「獲る漁業」から「資源管理型漁業」へと舵を切っています。最近有名になりつつある「ぼうぜ鯖」は、播磨灘で獲れたサバを生け簀の中で畜養し、脂が乗ってから出荷しているものです。

兵庫県では、「第２の鹿ノ瀬構想」と称し、家島諸島周辺に漁礁の造成を行っています。このあたりの海域では平らな砂泥の海底が続き、生息する魚の種類が偏っていることから、育成環境改善のために幅１００メートル、長さ80メートル、高さ20メートルほどのピラミッド状の漁礁の設置を進めています。漁業の地であり続けるための投資が行われている、ということですね。

人口が限られ、島民のほとんどが漁業関係者である坊勢島にはマーケットがありません。そのため、獲れた魚は消費地に持ち込むことになります。

姫路市白浜町には家島町の水産物荷捌所がありますが、坊勢漁協は２０１５年（平成27年）、その隣に「姫路まえどれ市場」（**写真25**）を設置しました。ここには魚介類や加工品の直売店、食堂、ＢＢＱコーナーがあり、魚の島・坊勢のＰＲを積極的に行っています。そ

写真26

のことで、坊勢島の知名度は本土側で徐々に上がってきているようです。

8 遠洋漁業の港

さまざまな港から船が集まるマザーポート

宮城県気仙沼市は漁業・水産業のまちです。リアス式海岸の地形のおかげで波穏やかな漁港はマグロやカツオ、サンマ、メカジキなどの遠洋近海漁業の根拠地であるとともに、ワカメやカキ、ホタテの沿岸・養殖漁業も盛んです。

写真26は気仙沼港岸壁に停泊するカツオ一本釣り船です。見えにくいですが、船名の上に「宮崎県日南市」と書かれています。

高知や宮崎のカツオ一本釣りの船団は、カツオとともに北上し、三陸沖で操業し、気仙沼港に水揚げします。気仙沼港は生鮮カツオの水揚げ量で日本一を誇っていますが、それは地元だけでなく他地方からの漁船を受け入れることで実現しています。

写真27

写真28

写真29

写真27は9月半ばの気仙沼市魚市場の朝の光景です。大量に水揚げされたカツオが運ばれてきています。黒潮に乗って北上したカツオは、6月から8月には三陸沖に達します。さらに北海道付近まで北上し、9月中旬頃から三陸沖に南下してきます。これを「戻りカツオ」と呼び、10月下旬あたりまで漁が行われます。カツオは一本釣りや巻き網漁で漁獲され、漁師たちは数百トンを積んでは港で水揚げし、また漁場に戻って獲るというピストン操業を行っています。

気仙沼港の岸壁にはカツオ船だけでなく、さまざまな種類の漁船が並んでいます。船首にモリが据えられ、見張り台があるのはメカジキ船（**写真28**）、集魚灯がいっぱいついているのはサンマ船（**写真29**）と、狙う魚種によって設備が大きく違っています。

港の周りには漁具、氷、燃料、造船、船体メンテなど、漁業を支える関連産業や水産加工業などが集積し、

写真30

写真31

写真32

水産クラスターを形成しています。

写真30は気仙沼市魚市場のそばにある「酒のサイシン」。２０２１年（令和3年）にＮＨＫの「ドキュメント72時間」で〝漁師たちのコンビニ〟として紹介されたお店です。残念ながら開店時間中に立ち寄ることができませんでしたが……。

サイシンには食料品や飲料品とともに、手袋や長靴や雨合羽、船の中で長期間暮らす漁師たちに必要な生活用品などが揃い、全国から気仙沼に来た漁師たちが訪れます。番組の中では、1年間の航海に出る遠洋マグロ船の漁師、漁船用の細長い布団を選ぶ20代のサンマ漁師たち、若い衆のために大量のお菓子を購入していく船頭、カツオ船に乗って一本釣りをしているインドネシアからの技能実習生などが登場していました。

気仙沼は東日本大震災の津波で大きな被害を受けており、港の周辺にも更地が広がっています。そうした中、2019年（令和元年）に、気仙沼魚市場そばにトレーラーハウス型の店舗集合型横丁「みしおね横丁」がオープンしました。ここには食堂、バー、メキシカン料理、沖縄料理、インドネシア料理、ラーメン店など、バラエティに富んだお店が出店していますが、その中に朝から入れる銭湯とムショラ（イスラム教の礼拝所）がありました（**写真31、32**）。

全国から漁船が集まるマザーポートゆえに、気仙沼の人たちは、地方からやって来る漁師たちが働きやすい、心地よい環境を提供することに意識を向けているのです。

コラム でこまわし　農地に恵まれなかった地の名物

写真33

今から15年以上前、徳島の夜の飲み屋街を徘徊していた時に、路地の奥に「祖谷そば」という看板を見つけて入りました。

祖谷《いや》は、徳島県三好市にあります。屋島の合戦に破れた平家の落人が住んだと伝えられる深い山中で、祖谷川の断崖によって隔絶され、明治時代までは他の人里との交流をほとんど持たずに続いてきた集落です。今では大歩危《おおぼけ》・小歩危《こぼけ》や祖谷温泉などとして観光スポット化されています。

そば屋のおかみさんの先代は祖谷の出身で、おかみさん自身は眉山《びざん》のふもとで育ったそうです。「祖谷はそばも名産なんですか?」と尋ねると、「祖谷はそばが名産なんです」と。無愛想で、聞かれたことには答えるといった感じの方でしたが、答え終わった後には独り、ニコッとした顔をされました。

祖谷は昼夜の温度差が激しく、寒冷地を好むそばの栽培が昔から盛んでした。祖谷そばは普通のそばに比べて太く短いのですが、それは「つなぎ」が入っていないからなのだと。そばを頂いた後に、おかみさんはこんな話を聞かせてくれました。

眉山は子どもの頃の遊び場だった。今は登らない。目の前にあるけど登らない。でもどこかに出かけて徳島に戻ってきたとき、眉山が見えるとホッとする。

その5年後に、祖谷に行く機会がありました。泊まったのは「かずら橋」から徒歩10分ほどの民宿で、祖谷川をはさんだ反対側はこんな風景でした（**写真33**）。民宿のおばあさんにこんな話を聞きました。

向こうの山の杉林はもともと畑で、麦を植え、その収穫と重ねるように葉タバコを植え、収穫が終わるとソバを植えとった。秋になると一面にソバの白い花が咲いとった。それだけしても、食うていくのは大変じゃった。

畑が杉に変わったのは50年前ほど前のこと。男の人たちは出稼ぎに出て、お盆に帰って下草刈りをやっとった。それをしないとかずらが巻きついて杉が育たん。杉はようやく育ってきたけんど、植えた人たちはもう80代、90代になってしもうとる。

さらに奥に行った、奥祖谷の落合集落では、こんなお話を伺いました。

昔は「夏のそばは犬も喰わん」と言うとった。それくらいまずかった。今はそんなことはなくなった。う

写真34

ちでも以前はソバを植えていたけんど、人を雇わんといかんけん、儲けが出んようになってやめた。今は大根や白菜やと、一人でできるものを植えとる。手伝ってもらうにも、その人らが70代、80代になって動かれん。若い人はデイサービスや、訪問介護や、豆腐屋で働いとる。

祖谷には、そばの他に鮎やあめごの塩焼き、そして「でこまわし」と呼ばれる、こんにゃくと豆腐とじゃがいもに味噌をつけて炭火焼にした郷土料理があります（**写真34**）。

「でこ」は木偶＝人形のことで、串を囲炉裏に立てて焦げないように回しながら焼くさまが浄瑠璃の人形回しのように見えたことから名付けられたそうです。地元ではそれしかなかった食べ物が、今では観光客向けの郷土食になっているのです

第 3 章
製造業にまつわる経済

写真1

1 都市に集められた商工業

職人はまちで働き、暮らしていた

写真1、**2**は奈良県大和郡山市にある「箱本館 紺屋」。江戸中期から続いた染物屋の建物です。館内では金魚のコレクションや藍染の展示、染物屋時代の様子を見学でき、藍染も体験できます。建物の前の水路はかつて藍染め商人が染め物を晒すために使っていたものです。

大和郡山は1580年（天正8年）に筒井順慶が郡山城を築城したことに始まる城下町です。1585年（天正13年）には豊臣秀吉の弟・秀長が紀伊・和泉・大和三国で百万石を領して郡山城に入りました。秀長はこの時に商工業者を城下町に集め「箱本十三町」を造りました。これは営業上の独占権を認める商工業保護政策であるとともに、町の治安、消火、伝馬の世話をする当番制の自治制度でもありました。

郡山城の周辺には武家地があり、東側は町人地と

地図1

©OpenStreetMapcontributors

写真2

なっていました。**地図1**を見ると、近鉄橿原線の東側に藺町《いのまち》・茶町・豆腐町・材木町・雑穀町・綿町・紺屋町《こんやまち》・魚町・塩町といった町名が見えます。これらは箱本十三町の頃からの名前で、どういう商売が集められていたかを知ることができます。

写真3は京都駅北西にある西本願寺の門前です。そして**写真4**は左端のお店のショーウィンドウを撮ったものです。ここには仏具関連の店舗が軒を連ねる「仏具屋町」が形成されています。

仏具屋町ができたのは1591年（天正19年）のこと。豊臣秀吉の命により大阪本願寺が移築された際に、寺にかかわるさまざまの職業の人たちも周囲に移住しました。江戸初期に寺請制度が成立すると、人々は仏壇、仏具を買い求めて祀るようになり、この地には仏具を専門とする金工、木工、彫刻、漆芸などの店が軒を連ねるようになりました。当時は寺院用の仏具の約8割、家庭用仏具の約6割がここで生産・販売されていたといいます。

明治に入り、新政府が神仏分離令を出したことで、全国的に廃仏毀釈の嵐が吹き荒れました。10年足らずで4万5千もの寺が打ち壊され、寺からは次々と仏具が没収され、伽藍や仏具から取り外された金属は溶かされ、四条大橋などの鉄筋建造物の建材などに変えられました。

写真3

写真4

島津製作所の創業者・島津源蔵は当時、西本願寺門前で仏具製造業を営んでいましたが、廃仏毀釈によりこれまでの商売が厳しくなり、「衰退した京都で何ができるのか」と考え、仏具加工技術を用いて科学実験教材を次々と製造し、新しい道を切り開きました。現在は分析・計測機器や産業機器、航空関連機器などの分野で世界的に知られた企業となっています。

都や城下町ではこのように、為政者が職人を集め

写真5

て職人町を形成していました。その中には、今に至るまで商売を継続している土地もあれば、商売は廃れ、わずかに町名からそのことを窺い知ることができるという土地もあります。

2 徳島の藍
米作が困難だからこそ栄えた産業

写真5は「うだつの町並み」として知られる徳島県美馬市脇町です。「うだつ」とは隣家と接する二階部分の妻壁から突き出した小さな壁で、火災の延焼を食い止める役割を果たします。うだつを作るには相当な費用がかかるため、店が繁盛しないことを「うだつがあがらない」とも言います。つまり、ここはかつてとても繁盛していた場所なのです。

写真6の藍ののれんが架かった建物は「吉田家住宅　藍商《あいしょう》佐《さ》直《なお》」。1792年（寛政4年）に創業し、藍商人として繁栄を誇った吉田直兵衛《なおべえ》の屋敷跡です。母屋、藍蔵など5棟の建物が中庭を囲んで建

写真6

写真7

ち、裏手には吉野川の水運を利用した舟着場跡があります（**写真7**、**地図2**）。

江戸時代、吉野川流域は藍の一大産地として発展し、中流域以西では脇町が集散地となっていました。では、なぜ脇町には藍の産業が集積したのでしょうか？

それは、この地がコメの栽培に不向きな土地だったからでした。「四国三郎」とも呼ばれた吉野川は、台風の襲来により毎年のように氾濫を起こしていました。そのため農民は、春先に植えて台風襲来前の旧盆に収穫できる藍と、初冬に植えて初夏に収穫できる麦の二毛作を進めました。藍は通常は連作できない一年草ですが、藍収穫後の洪水が肥沃な土壌をもたらしたことでこの地では可能でした。また大量の藍玉や金肥《きんぴ》の出荷・配送に吉野川の河川水運を活用できたことも、藍作が普及する一因となりました。

農家から集めた藍の葉は、藍師が作業場で水をかけつつ発酵と攪拌を繰り返し行い、約80日をかけてすくもや藍玉に仕上げられます。藍商は藍師を兼ねることが多く、藍商佐直でも藍の製造を行っていました。

1585年（天正13年）に蜂須賀家政が徳島の阿波藩主になると、藩の財政を支えるために吉野川流域での藍栽培を奨励。17世紀

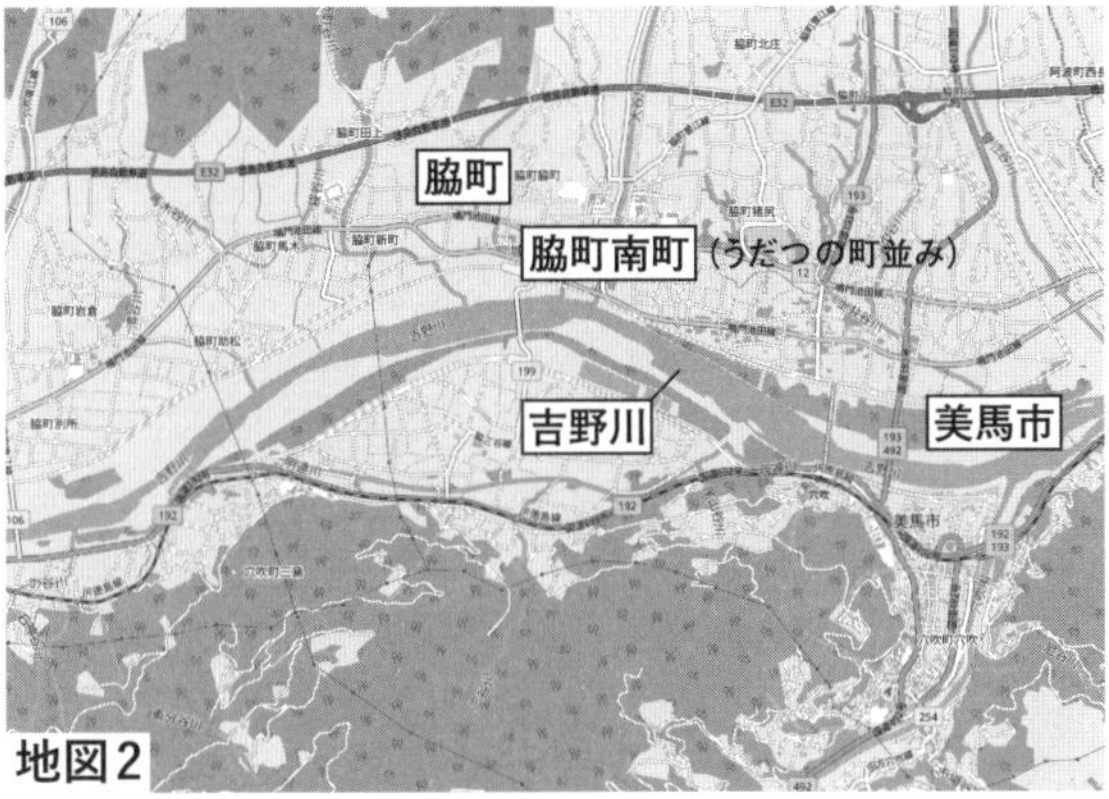

地図2
©OpenStreetMapcontributors

半ばになると木綿の普及に伴い藍染料の需要が高まり、阿波の藍染料は全国の市場で人気を博し、藍師や藍商人たちは莫大な利益を得るようになりました。彼らは信用を得るために競って豪壮な屋敷を構え、買付けに来る全国各地の商人たちを最大限にもてなしました。今も残されている「うだつの上がった」立派な藍屋敷は、そういう成り立ちによるものなのです。

藍は非常に手のかかる作物で、生産の工程では重労働を要しました。また干鰯などの金肥が大量に必要となることから、藍農家の生活は貨幣経済に取り込まれていきました。

18世紀になると、徳島藩は藍師や藍商から運上金や冥加金を徴収し、藩財政の強化を図っています。藩による藍の生産・流通管理は開国まで続きましたが、このことは近代以降の藍作の自由化や外国藍との市場競争においてマイナスに働き、20世紀初頭以降に藍産業が急速に衰退する遠因ともなりました。

脇町の藍商はこの危機に際し、繭の仲買や生糸の生産へと業種転換しています。繭糸集散地となることで、昭和30年頃までは再び産業の中心地として栄えました。このように、脇町は稲作が困難だったがゆえに、幾度かの経済の浮き沈みを経験しつつ、うだつの町並みを今に残しているのです。

写真8

1988年（昭和63年）、美馬市脇町南町は重要伝統的建造物群保存地区に選定されました。地元では町並み保存と修復に取り組み、地域の歴史的なまちなみを活かした観光地として新たな経済的な基盤を築いています。

3 豊岡のカバン
イノベーションで生き残った地域産業

兵庫県豊岡市は、カバンの産地として知られています。ＪＲ豊岡駅のホームにはカバンの自動販売機が置かれ、改札前にはカバン産業を紹介する展示があります（**写真8**）。駅から1㎞東にある宵田橋商店街は「カバンストリート」とも呼ばれ、カバン屋やカバンの修理屋が軒を連ねています。

では、なぜ豊岡はカバンの産地となったのでしょうか？　ちなみに豊岡は皮革の産地ではありません。

そのヒントをまちで探してみると、「柳ごうり最中」と書かれた看板に出会いました。何かを編み上

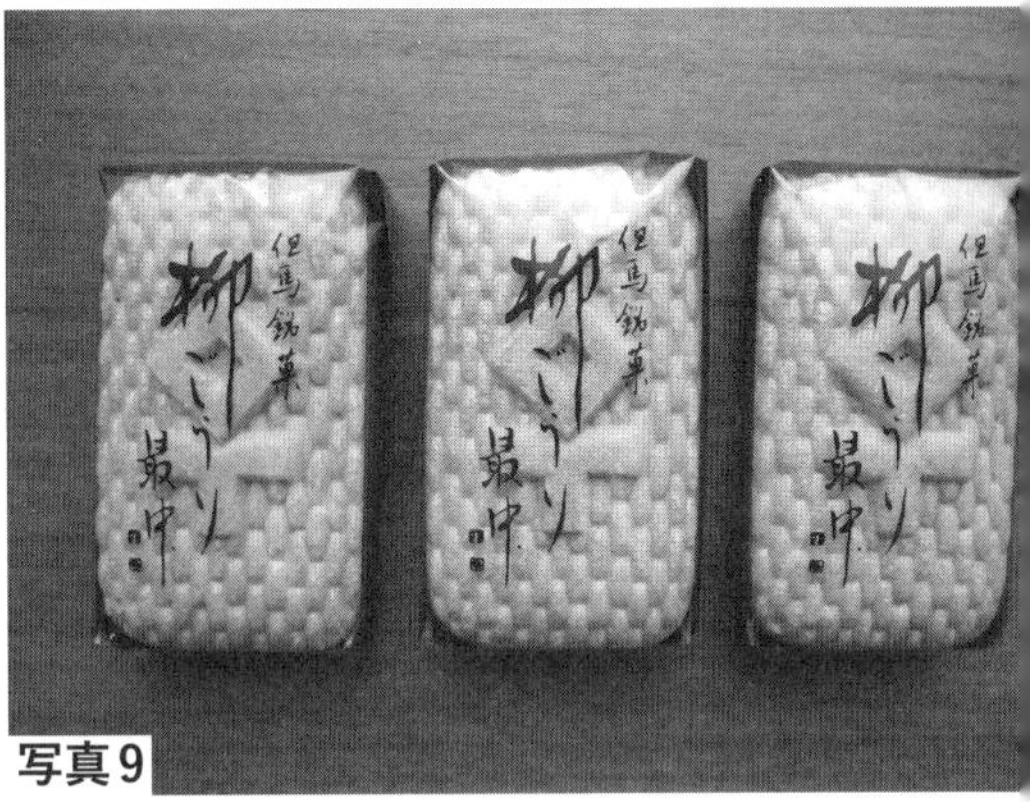

写真9

写真10
玄武洞ミュージアム 展示より

げたような模様になっています（**写真9**）。そう、豊岡はもともと、「柳行李」の産地だったのです。余談ですが、地域でかつて栄えた産業を菓子の形で残している事例は全国各地にあります。

行李《こうり》とは、竹や柳、籐などを編んでつくられた箱形の入れ物です。柳行李はコリヤナギ（杞柳）という植物の枝を編んで作られます。中に衣類を入れるとコリヤナギが湿気を吸って中の衣類がかびないことから、衣類の収納に重宝されていました。

円山川河口部に位置する豊岡では、昔から氾濫が頻繁に起こり、米の収穫が安定しませんでした。氾濫原にはコリヤナギが自生し、奈良時代にはこの地で杞柳製品が作られていました。

1668年（寛文8年）に丹後田辺藩から移封され豊岡藩主となった京極高盛は、杞柳栽培と製品の製造販売を奨励し、そのことで豊岡では杞柳産業が発展しました。当時、柳行李は衣服の保管や旅行時の荷物の運搬に使われていましたが、明治以降には工芸品や旅行用カバン、軍用弁当箱などの需要が生まれ、大正時代になると「大正バスケット」と呼ばれる旅行カバンが大流行し、アメリカにも輸出されていました。**写真10、11**は、玄武洞ミュージアム内にある豊岡杞柳細工の展示です。

杞柳栽培では耕作をする必要がなく、その収益は当時、杞柳一作

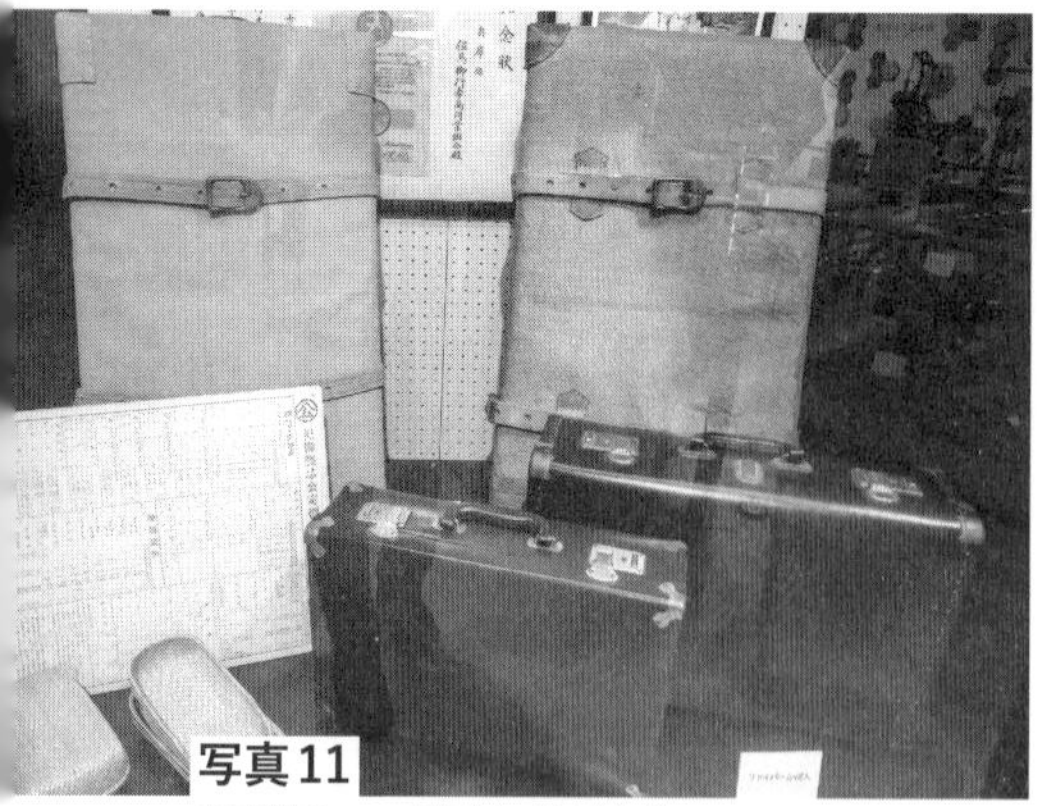
写真11

玄武洞ミュージアム 展示より

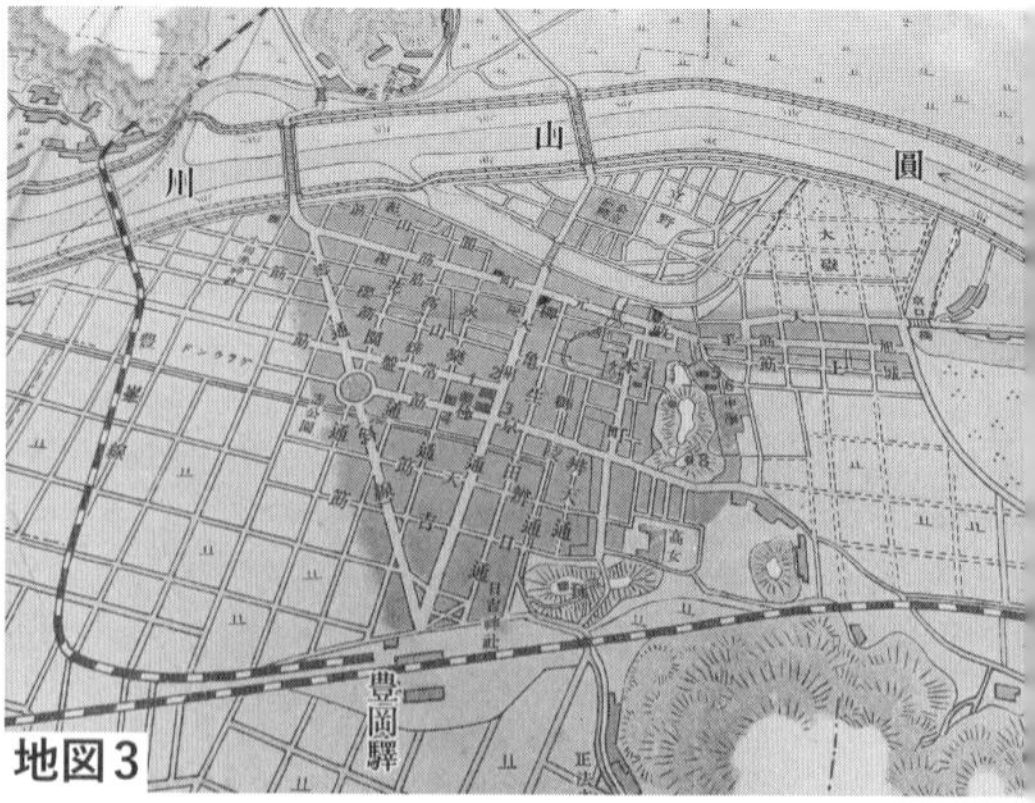

地図3

だけで稲麦二作の利益をしのぐまでになり、そのことで杞柳の栽培や細工は大いに広がりました。大正6、7年頃の好況期には上田《じょうでん》をつぶして杞柳を植えた人も多く、「稲作よりも柳」という流行語もあったそうです。

ですが第一次大戦後の不況の影響を受け、また大正末期から昭和初期にかけて行われた円山川改修により湿地が失われたことで、杞柳の生産が半減し、他府県の原料に頼るようになりました。**地図3**は1932年（昭和7年）に豊岡町役場が発行した豊岡の地図です。河道がまっすぐになり、もともと蛇行していた川跡が三日月湖として残されているのが分かります。

この時期に、豊岡では「ファイバー鞄」が登場します（**写真11**）。それまで杞柳で作っていた錠前付きの籠カバンを、木綿やパルプの繊維を塩化亜鉛で硬化させた堅紙で作ったもので、耐久性に優れ、1931〜32年にはカバンの主流を占めるようになりました。豊岡はその後ビニールやナイロン素材開発の波に乗り、一時期は全国シェアの80％を占め、原材料や製品の価格形成力を持つカバンの中核的産地となりました。

杞柳の栽培や製品づくりはその後廃れましたが、豊岡では杞柳産業に関わる人々が実験や挑戦を重ねてイノベーションを起こし、カバン産業を切り拓いたことで苦境を乗り越えているのです。

柳行李がカバンに変わった時に、豊岡の産業の形態は問屋制家内工業から工場制手工業へと進化しました。そして仕事の多くは、全国的なブランドや問屋の下請け、いわゆるＯＥＭとなりました。１９６０年代後半から70年代にかけて一世を風靡した「マジソンスクエアガーデン」のスポーツバッグも、いま人気の吉田カバンの「PORTER」ブランドの製品も、多くは豊岡の工房で作られています。

１９８０年代半ばに円高が進んだ時点で、問屋は工場を国内外に設け、産地内メーカーからの取扱いを減らしています。そのため豊岡のカバン産業は苦境を迎えました。そして生産工程の合理化、ＩＴ化を進めるとともに、新製品開発による脱下請けへの道を模索し始めています。２００５年（平成17年）には宵田橋商店街と協力し、「カバンストリート」を発足。また製品の地域ブランド化を図るために、２００６年（平成18年）に「豊岡鞄」を商標申請しています。

4 木綿産地のその後

綿花栽培が廃れた後にさまざまな工業が興った

写真12は近鉄八尾駅近くにある古民家で見かけた看板です。見えにくいですが、下の看板には「歯刷子推奨工場」とあります。すぐ近くには4階建てのブラシ工場の社屋がありました。このあたりから、大阪府八尾市には歯ブラシの産業集積があるらしいと分かります。では、なぜ八尾で歯ブラシなのでしょう？　このことを、江戸時代にさかのぼって見てみたいと思います。
かつて大和川は、柏原村（現・柏原市）で石川と合流し、玉櫛川と久宝寺川とに分かれ、現在の八尾・東大

写真12

地図4

旧大和川に開発された新田地
安中新田会所跡 旧植田家住宅 主屋に設置されているモニターを撮った写真より

写真13

写真14

安中新田会所跡 旧植田家住宅 展示より

阪・大東市を横切り、大阪城の北側で淀川に合流していましたが、1704年（宝永元年）の大和川付け替えにより、柏原村から西に流れ、堺の海に注ぐようになりました。そして玉櫛川・久宝寺川の河床跡には49の新田が開かれました（**地図4**）。新田地は水はけが良く、稲作には不向きだったことから木綿が栽培されました。

写真13はJR八尾駅近くにある旧植田家住宅。安中新田《やすなかしんでん》の会所跡です。展示室には古文書や絵画、民具などが展示されていますが、その中に糸車や糸枠、木綿の布地などがあります（**写真14**）。当時国内で栽培されていた綿は繊維が短くて糸が太く、織りあげた布地は耐久性に優れていました。河内木綿は庶民の普段着のほか、のれん、のぼり、蒲団地、酒袋などに利用されていました。そして河内地方の農家は、木綿栽培のほかに糸紡ぎ、木綿織りなどの副業を行っていました。

1877年（明治10年）頃になると、殖産興業政策により大阪や奈良にも近代的な紡績工場ができました。その原料としては、機械化に適した、繊維が長く糸の細い綿が中国やインドから安価で輸入されるようになりました。そして紡績業界の働きかけにより1896年（明治29年）に綿花輸入関税が免除されると、国内での木綿栽培は一気に衰退しました。それにともない、木綿に関わる農

写真15

写真16

家の副業も失われてしまいました。

余談ですが、八尾市には**写真15**のように、姉さんかぶりの女性が糸を紡ぐ姿を描いたデザインマンホールがあります。このように、地元にかつてあった産業が「マンホール」として残っているものも全国で見つかりますので、興味がありましたら探してみてください。

八尾にはその後、木綿産業に入れ替わるように、大阪市内から撚《ねん》糸《し》、ブラシ植毛《しょくもう》、貝ボタン製造、マッチ箱張りなど、農家の副業に依存する軽工業が進出しています。そしてそれらが発展することで、幅広い分野の製造業の集積が生まれていきました。つまり、木綿にまつわる産業があったこと、それが多様な軽工業に置き換わったことで、八尾はものづくりの街としての発展を遂げたのです。

現在、八尾市には全国トップシェアの出荷額を誇る歯ブラシ生産や、ＩＴ部品の加工に使う工業用特殊刃物、ステンレス表面処理などの金属製品、電子機器、ゴム、ガラスなど多様な業種の中小企業が集積し、製造業事業所数が全国で16位となっています（２０２２年現在）。

２０１８年に、近鉄八尾駅前のLINOAS（リノアス）８Ｆに「みせるばやお」という施設ができています（**写真16**）。さまざまな「ものづくりワークショップ」を通じてものづくりと、ものづくり

写真17

を担う企業の魅力を発信すると同時に、地元企業・大学・金融機関・行政がイノベーションを起こすことを目的にした施設です。

2020年には、〝こうばはまちのエンターテイメント〟を合言葉に、「FactorISM（ファクトリズム）」というプロジェクトが始まりました。八尾市、堺市、門真市にある町工場に足を運んでいただくオープンファクトリーイベントで、2024年は91社が参加しています。

これらの取り組みから、新たな商品やプロジェクトも生まれてきています。特に若い世代の経営者が地域を盛り上げている印象があります。

では、かつての木綿の産地はすべて、他の産業に置き換わったのでしょうか？

大阪府泉佐野市・南海泉佐野駅から南へ進んでいくと、オクラ畑の背後に板壁とノコギリ屋根の建物が並ぶ風景に出会いました（**写真17**）。この建物はタオル工場で、モノタロウのサイトでタオルやおしぼりを販売している会社だと分かりました。

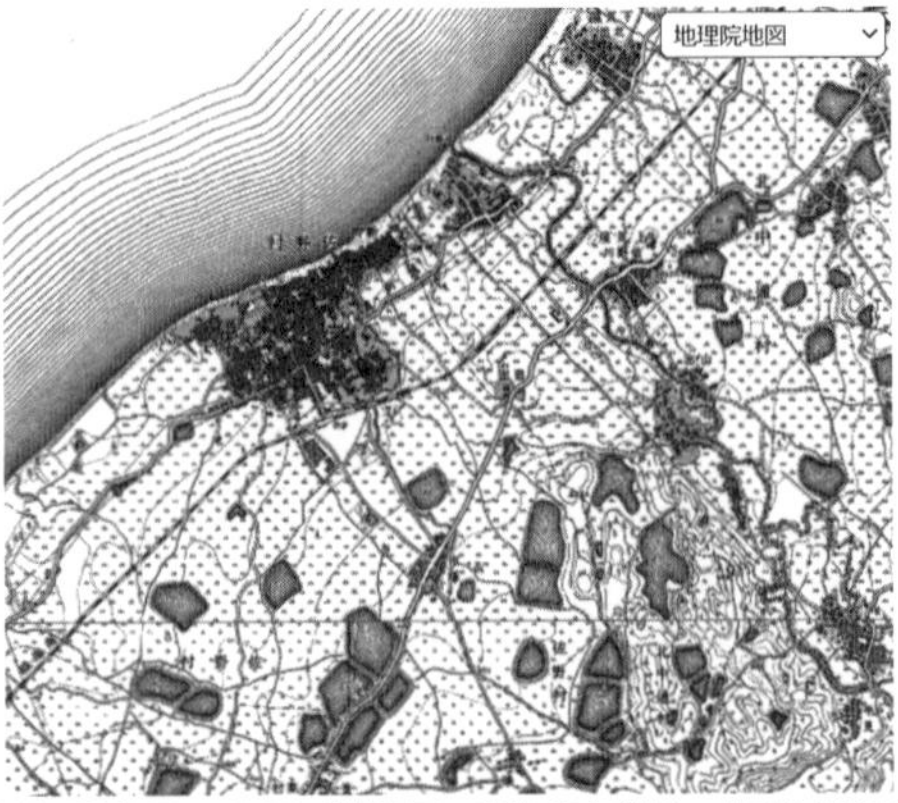

地図5
（出典：国土地理院地図 1/20000「岸和田」明治42年測図、大正1.10.30発行）

明治42年の国土地理院地図を見ると（**地図5**）、地域には大きな河川がなく、多くのため池が存在していたと分かります。この地では大量の水を必要とする稲作よりも綿作の方が営みやすかったのでしょう。また佐野村には漁業と廻船物流業が発達し、綿作の肥料となる干鰯を全国から集められたことも強みとなったのでしょう。江戸末期になると、泉州地域では綿の栽培とともに、手ぬぐい、ゆかたなどに使われる白木綿の産地として知られるようになりました。

明治の近代紡績業勃興期に、泉佐野ではタオルの製造が始まっています。１８８５年（明治18年）に大阪の舶来雑貨商・新井末吉がドイツ製タオルを入手し、泉佐野の白木綿業者、里井圓治郎にその製織の研究を奨めました。里井は１８８７年（明治20年）にパイルをつくる打出機を考案し、タオル製織に成功しました。その後木綿の仲買商や織元、農家などが泉佐野にタオル工場を興しています。つまり、機械製織というイノベーションが起きたことで、この地の織物産業は生き長らえたのです。戦後には浴用タオルの生産が広がり、泉州地域では最大６９４社（１９８３年）の織屋が操業していました。ですがその後、中国・台湾産タオルの輸入が急増したことから、国内での生産は低迷。大阪タオル工業組合の組合員数は、２０２４年12月現在で69社となっています。

このように、河内と泉州は江戸時代にはともに木綿の栽培と綿糸、綿織物の製造を手掛けていましたが、河内は繊維とは異なる産業へと転じ、泉州は繊維業の地として存続したのです。

5 諏訪の精密機械
疎開工場がもたらした産業

写真18は長野県岡谷市で見かけた工場です。奥には立方体の、手前にはのこぎり屋根の建物が見えます。この風景は諏訪地域の産業の変遷を象徴的に表しています。

奥の建物はかつて光学・写真機械の機器を製造していた会社の社屋でした。現在は同業種の台湾企業の研究・開発拠点となっています。手前は明治初期に創業した製糸会社の建物で、現在は工場として貸し出されています。

長野県の諏訪地域ではカメラ・腕時計・オルゴールなどの精密機械工業が発達し、「東洋のスイス」と呼ばれていた、と地理の時間に習いましたね。では、なぜ諏訪ではそういう産業が興ったのでしょう？　ベースにあったのは「製糸業」です。

諏訪は八ヶ岳を望む風光明媚な土地ですが、高地ゆえに冬季は寒冷で、1年のうち半年近くは野外での耕作ができませんでした。そのため農民の生活は厳しく、江戸中期以降には農閑期に養蚕や綿打ち、手紡ぎ糸、手挽き、織物などの副業が行われてきました。

1859年（安政6年）に横浜港が開港し、欧米との貿易が始まった頃、ヨーロッパでは蚕の病気が流行し、中国ではアヘン戦争が起きていたことで、世界的な生糸不足が起きていました。そのため日本に生糸が求

写真18

められましたが、ヨーロッパや中国の復興とともに日本の生糸は競争力を失いました。そこで良質の生糸を効率的に生産するために、海外の先進技術を取り入れています。明治初期の頃のことです。

1872年（明治5年）、明治政府はフランス式繰糸機を輸入し、群馬県富岡市に富岡製糸場を設けて操業を始めましたが、同時期に諏訪では民間で製糸場が生まれています。1872年に豪商小野組がイタリア式繰糸技術を上諏訪の製糸場に、1874年（明治7年）には六工社がフランス式繰糸技術を現在の長野市に導入しています。そして1875年（明治8年）、諏訪・平野村（現在の岡谷市）の武居代次郎はこの二つの技術を折衷し、改良を加えた「諏訪式繰糸機」を開発しました。彼は中山社を興し、小川が流れる傾斜地に製糸場を造り、動力源に水車を用いて稼働させました。またその後には、新しい繰糸機やボイラーの開発などに取り組みました。**写真19**は岡谷蚕糸博物館の展示パネルにあった武居代次郎と中山社の商標です。

写真19 武居代次郎

岡谷蚕糸博物館の展示パネルより

繭から糸を繰り出して生糸にするのが製糸業ですが、そこでは繭を煮て、糸口を出して糸を繰る作業の効率を上げ、かつ品質の良い糸を作る技術が求められます。「キカイ道楽」と呼ばれた武居は機械の改良に挑み続けたイノベーターでした。そして諏訪からは、彼が生み出した技術を活かして製糸業を発展させる事業家が続々と現れました。明治末期には岡谷と東京・横浜との直接通信が実現し、生糸の販出が活発に行われるようになりました。１９２４年（大正13年）には長野県は生糸生産量で全国トップとなり、岡谷の生糸輸出量は長野県内の6割以上を占めていました。ですが第一次大戦後に糸価が暴落し、その後に世界恐慌が起こったことで、岡谷の養蚕・製糸業・製糸機械器具製造業は急激に衰退しました。

写真20は岡谷蚕糸博物館です。かつてここには農林省蚕糸試験場の岡谷蚕糸試験所の研究施設がありました。入り口は右奥ですが、手前には製糸所が併設され、作業風景を見学できます。外壁には製糸所や紡績業などの工場建築によく使われていた〝のこぎり屋根〟のモニュメントがあしらわれています。

岡谷の製糸関連産業に置き換わったのは、第二次大戦期に京浜工業地帯から疎開してきた工場でした。１９４２年（昭和17年）の本土初空襲以降、諏訪には軍需工場が次々に立地しました。これらの

写真20

工場は終戦後に民生部門へとシフトし、高度成長期にはカメラ・腕時計・オルゴールなどの精密機械工業が発達しました。かつての諏訪精工舎（セイコー）と信州精器（後にエプソン）が合併したセイコーエプソンは、今も諏訪市に本社を構えています。

諏訪の精密機械工業では、大企業を頂点に、多くの中小零細企業が下請けとして生産を支える、地域内で完結した生産工程を形成していました。１９６０、70年代には〝納屋工場〟と呼ばれる、納屋を改修した零細工場で働く女性も多かったそうです。その後の不況期に下請企業群は大きく再編され、より多様性を持つ機械工業へと転換していきました。バブル期には大企業の生産部門の海外シフトによって仕事が激減したことから、中小企業もまた東アジアへの展開を独自に進めています。

写真21は諏訪湖から流れ出た天竜川沿いにある工場です、左の「テクロック」は精密計測機器を、奥と右の「マルヤス機械」はベルトコンベアなどの搬

写真21

送省力機を、それぞれ製造しています。

製糸業があったことで機械の製造や改良を行う素地があり、疎開工場から興った精密機械工業が発展し、さらに多様化しつつ今に続いている。諏訪とはそういう町です。

6 石炭の町
エネルギー革命で産業が失われている

写真22は福岡県北九州市・JR折尾駅近くの堀川の風景です。駅前再開発でこの風景がなくなると知り、2021年に急ぎ訪れました。

日が暮れてから、この中の一軒に入りました。60代ぐらいのママは、5歳の頃までこの辺りで暮らし、その後東京に出て、10年ほど前に北九州に戻り、ここに店を出したそうです。昔の界隈の様子をこんな風に語ってくれました。

堀川は今よりも水面が近く、川に沿って柳の木が植えられていたわ。舟が通るので、水は深く底なしで、酔っぱらって立小便をしていたおじさんがよく川に落ちていたわ。そういう時には誰か

写真22

が竹の棒を持って来て、捕まらせて助けてね。

堀川にはかつて、川艜《かわひらた》と呼ばれる川船が通い、江戸時代には米を、明治の中頃には石炭を運んでいました。**写真23**はＪＲ九州筑豊本線・若松駅に飾られている川艜の模型です。最盛期の１８９９年（明治32年）には13万艘が堀川を往来しましたが、その後鉄道輸送が主流となり、戦前には姿を消しています。

写真24は若松駅の改札前に飾られている石炭です。若松駅は１８９１年（明治24年）に石炭輸送を目的に設置されています。筑豊炭田から鉄道で運ばれてきた石炭は、ここで船に積み替えられ、国内外に出荷されていきました。

地図6は直方市石炭記念館にあった１９５０年（昭和25年）頃の筑豊・小倉炭田の地図です。鉄道網が内陸部に毛細血管のように張り巡らされ、炭田からの石炭が折尾を経て若松まで運ばれていた様子が分かります。

〝毛細血管〟の先に位置していたＪＲ九州・田川伊田駅（福岡県田川市）の前の和菓子屋で、「黒ダイヤ」という名前の羊羹を見つけました（**写真25**）。そう、豊岡の「柳ごうり最中」と同じく〝産業菓子〟です。黒砂糖と小豆で作られた、漆黒の石炭の色や形状を模した菓子として地元で親しまれてきたそうです。案内のしおりにはこんな文章がありました。

苔むした伝統を生み数々の民謡を伝へ悠久千古の歴史を偲ばせる石炭はかつて産業の原動力として其絶大なる威力を発揮し九州文化発展の母胎でもありました。然るに今やエネルギー革命に依りまして其使命は大きく転換致しました。

写真23

写真24

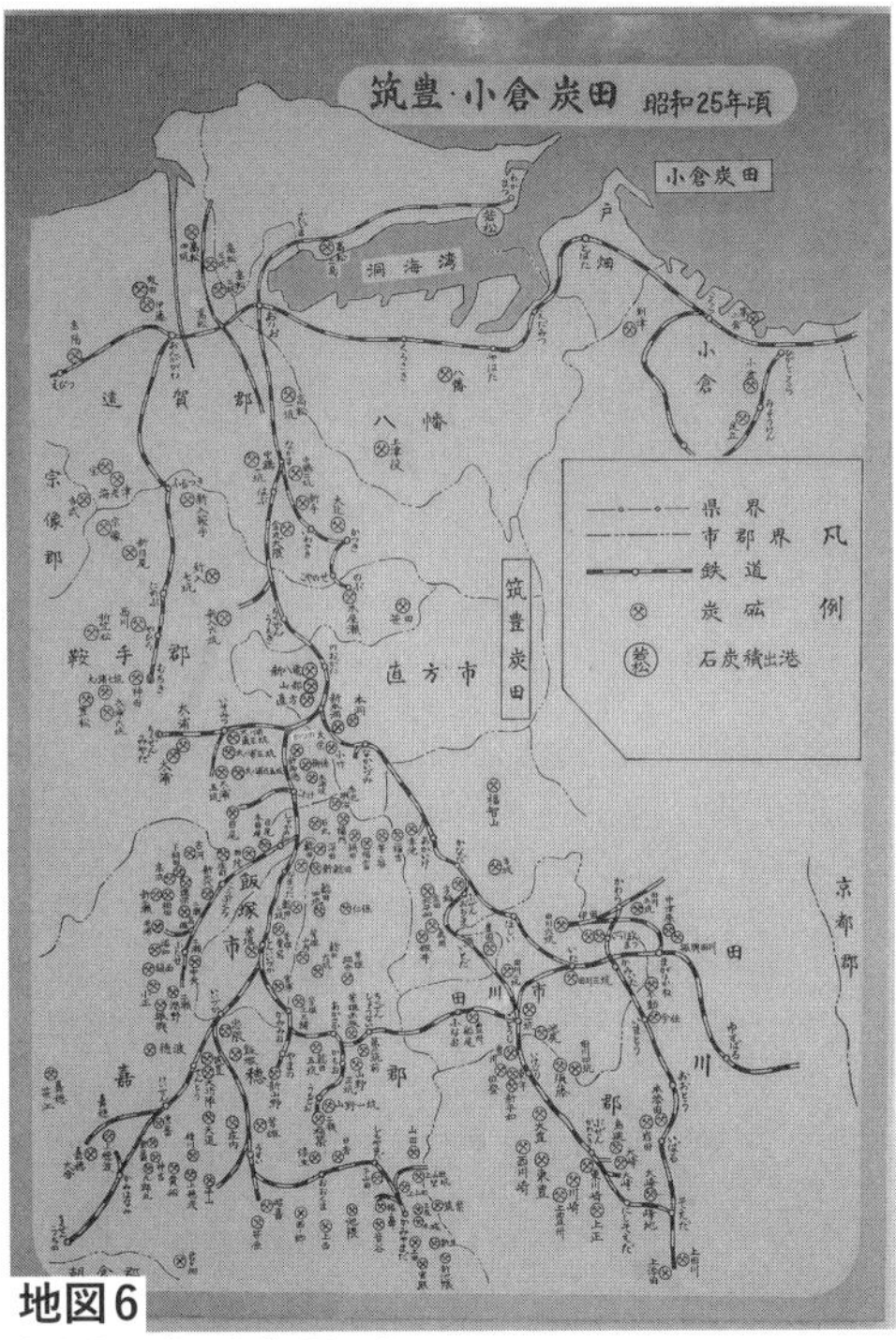

地図6
直方市石炭記念館 展示より

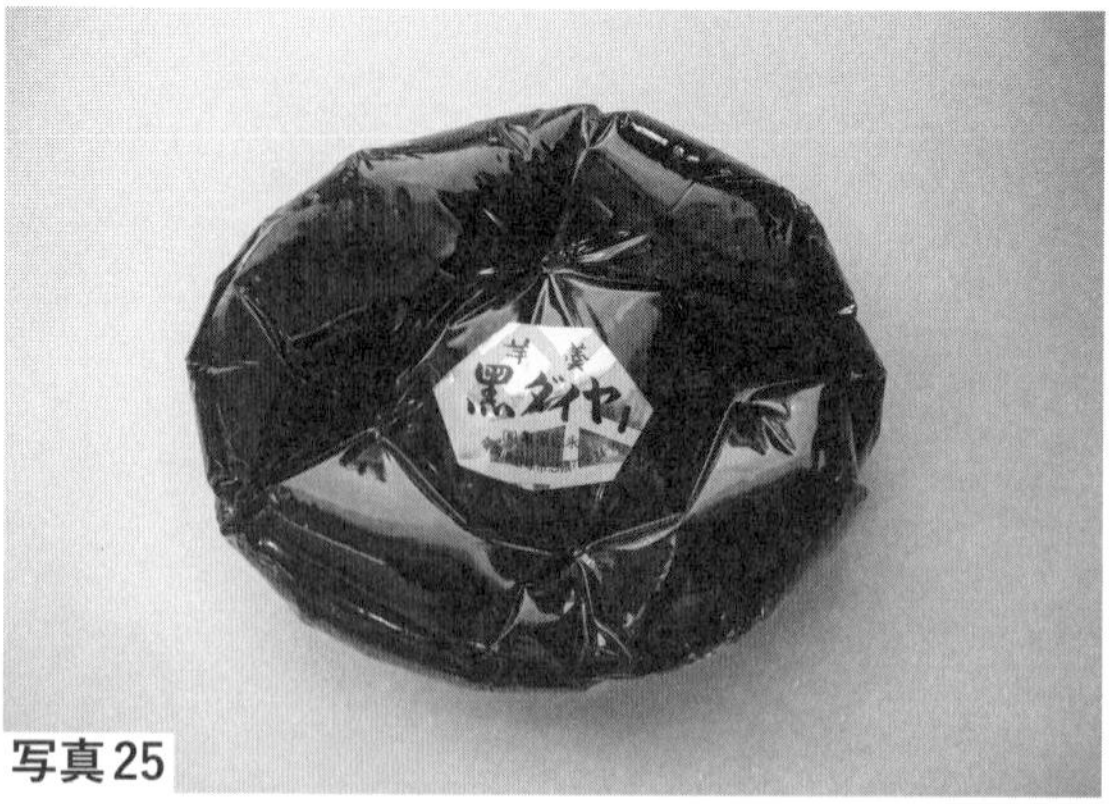

写真25

筑豊における石炭の発見は、１４７８年（文明10年）と伝えられています。江戸時代には都市部の燃料として使われ、18世紀には瀬戸内海の塩田地帯で製塩の燃料とされました。明治以降には蒸気機関の燃料や製鉄の原料として需要が急激に高まり、日本の近代化を推し進める原動力となりました。当時、筑豊炭田は国内最大の産炭量を誇っていました。

田川伊田駅の南西側には、田川市石炭・歴史博物館があります。かつての三井田川鉱業所伊田竪坑の跡地に１９８３年（昭和58年）にオープンしています。同鉱業所の創業は１９００年（明治33年）。１９１０年（明治43）年には地下約３５０ｍにも及ぶ伊田竪坑が竣工。主力坑として三井田川を筑豊の首座へと導きました。

写真26は伊田坑の模型、**写真27**は博物館の敷地内に残された立《たて》坑櫓《こうやぐら》（地中エレベーター）です。炭鉱夫たちは櫓から吊るされたケージで地下数百ｍまで下り、人車を使って採掘現場まで通っていました。彼らは炭鉱近くにあった炭鉱住宅で家族で暮らしていましたが、夜勤明けで寝ている父親たちを起こさないよう、子どもたちは静かに遊ぶよう躾けられていたそうです。

「エネルギー革命」とは、１９６０年代に日本の基幹エネルギーが石炭から石油へと転換されたことをいいます。戦後のＧＨＱ占領

写真26
田川市石炭・歴史博物館 展示より

写真27

下において、政府は経済再建のために石炭や鉄鋼に資金・資材・労働力を重点的に配分する「傾斜生産方式」を取りました。そのことで石炭の生産は飛躍的に伸び、経済復興を牽引しました。国の完全な統制下で生産が回復した後、1950年（昭和25年）に石炭企業は自由競争市場へ復帰しました。

ですがその後、採掘コストの上昇や労使間紛争やストライキの頻発などを背景に、石炭業の経営は悪化していきます。1950年代になると、中東やアフリカに相次いで大油田が発見され、石油が潤沢に供給されるようになりました。こうした背景のもと、政府は石炭産業を合理化する方向に政策を転換します。三井田川鉱業所は1964年（昭和39年）に閉山し、筑豊炭田にあった炭鉱の多くもまた、同時期に閉山しています。

ところで、先の和菓子屋では「白ダイヤ」という羊羹も販売しています。こちらはセメントの原料として地元で採掘されている石灰石をイメージし、インゲン豆と白砂糖、寒天を混ぜて作られています。

写真28は田川市石炭・歴史博物館のある高台から見える香春岳《かわらだけ》です。香春岳は石灰岩でできた三つの山で、真ん中の一ノ岳は石灰石の採掘により平らに削られています。手前に見える山は、石炭と一

写真28

緒に掘られた岩屑を積み上げたボタ山です。

田川市や飯塚市では石炭とともに石灰岩が採れたことで、仕事を失った炭鉱夫たちは石灰石採掘の仕事を得ることができました。

つまり「黒ダイヤ」と「白ダイヤ」は、地域における産業転換と労働者のその後を映した一対の菓子だったのです。そのことに気づいたのは福岡から帰ってきた後でしたが…。

コラム　かつての工場出勤風景

山陽電鉄網干駅から南へと進んでいくと、東雲橋の手前の辻のところに「ことぶき」という、ご夫婦で営業されている食堂があります（写真29、30、地図7）。

開業は1955年（昭和30年）頃。奥さんのご両親が始めています。橋を渡った先にはダイセルの工場があり、工員たちはかつては自転車で工場に通い、「ことぶき」に立ち寄っていました。店の前は龍野方面からのバスの終点で、近くの商店街は買い物客で賑わいました。まちの開発が進んだ時期とも重なり、下水道や道路などの工事業者も来店し、行列は絶えなかったそうです。

ダイセルの工場は健在ですが、今ではほとんどの従業員は自家用車で通勤するようになりました。店の前は

写真29

写真30

地図7

©OpenStreetMapcontributors

バスの終点ではなくなり、インフラ整備が終わると工事業者はいなくなりました。今ではお客さんが数人という日もあるそうですが、ご主人は、常連さんと楽しく喋って過ごせる時間を楽しんでおられるようです。

阪神尼崎駅西側の通りを南に進み、五合橋を渡る手前に、もと食堂だったと思われる空き家があります（**写真31**、**地図8**）。

橋を渡った先には、日本製鉄の工場があります。以前は住友金属の工場で、多くの従業員が徒歩や自転車で通っていました。**写真32**は、昭和30年代頃の住友金属付近の朝の通勤風景です。

おそらく、ここに写っている人たちが出勤前や仕事終わりに食堂を潤していたのでしょう。そして彼らが自家用車や社バスで通勤するようになったことで、食堂は繁栄の文脈から外れてしまったのでしょう。

写真31

写真32

（出典：尼崎市立歴史博物館あまがさきアーカイブズ提供）

地図8

©OpenStreetMapcontributors

第4章
流通業にまつわる経済

写真１

１ 百貨店

呉服店と鉄道会社がはじめた業態

写真１は大阪ミナミ・心斎橋にある大丸百貨店。左が本館、右が南館です。

　大丸の前身は１７１７年（享保2年）に京都で創業した呉服店です。１７２６年（享保11年）に大坂心斎橋筋に進出、その後名古屋・京都・江戸に大店《おおだな》を展開しました。そして１９１０年代に、欧米で生まれた百貨店という業態へと転換しています。

　本館はもともと、呉服屋発祥の百貨店「そごう」の建物でした。１９３５年（昭和10年）に村野藤吾設計による大阪本店が竣工し、戦後には全国展開を進めましたが、２０００年に経営破綻。２００５年に西武百貨店と共同で心斎橋本店を建て替え、再生させましたが、２００９年に閉店、現在は大丸の所有となり、大丸が2館並んで建っている状態になっています。ちなみに大丸は２０１０年に松坂屋と合併し、Ｊフロントリテイリング傘下にあります。流

写真2

写真3

第1期梅田阪急ビル竣工時写真(1929年3月28日)
(提供：阪急電鉄広報部)

通業の再編は、なかなかに複雑です。

写真2は大阪キタ・梅田にある阪急百貨店（左）と阪神百貨店（右）です。阪急の創業者・小林一三は1920年（大正9年）竣工の本社ビル1階に東京・日本橋の呉服店系百貨店「白木屋」を招致し、業績が良好であることを確認した後、1925年（大正14年）に白木屋との契約を解除し、直営で「阪急マーケット」を開業しました。1929年（昭和4年）には梅田駅ビルを全面改装し、自社直営のターミナルデパートとして「阪急百貨店」を創業しています（**写真3**）。

阪神電鉄は1926年（昭和元年）、阪急との契約を解除された白木屋の代替店舗を梅田停留所（現在の阪神大阪梅田駅）内に設置・開業させましたが、1933年（昭和8年）に直営で「阪神マート」を開業、1951年（昭和26年）に阪神百貨店と改めています。なかなか微妙な経緯です…。

2007年に両百貨店は統合されてエイチ・ツー・オーリテイリング傘下に入り、2008年には「株式会社阪急阪神百貨店」が運営会社となっています。その後両百貨店はそれぞれに本店の建て替えを進め、阪急うめだ本店は2012年に、阪神梅田本店は2022年にリニューアルしています。

大正から昭和初期にかけて、日本では江戸時代にルーツを持つ呉服店が百貨店業を興し、ターミナル開発を目指した鉄道会社がその業態を踏襲して駅前に展開し、それぞれ店舗と顧客層を広げていきました。百貨店の躍進に危機感を募らせた中小小売商は、反百貨店運動を展開しました。結果、戦前と戦後に2度、中小小売商の保護を目的とした「百貨店法」が施行されています。戦後の第2次百貨店法は1956年(昭和31年)に施行されましたが、この法律では当時台頭してきたスーパーマーケットに規制がかからなかったため、その急成長をアシストする形にもなりました。

その後1990年代以降に日本経済が長期停滞に陥る中、高級品に軸足を置いていた百貨店は立ち直りの契機をつかめず、構造不況業種となっています。近年、都心店はインバウンド外国人需要で潤っているものの、郊外店はスーパーマーケットやショッピングモール、インターネット通販などに押され、厳しい舵取りを余儀なくされています。

2 公設市場
庶民が食材を安く買える場所だった

写真4は大阪市北区・天五中崎商店街に掲げられていた店舗看板です。「大阪市設本庄公設市場」の文字が見えます。看板の右奥には「ナベル本庄」という、スーパーマーケットと生鮮市場が合体した地域密着のショッピングセンターがありました。

公設市場とは、1910年代後半以降に地方自治体によって政策的に開設された日用品の小売市場のことです。嚆矢となったのは1918年（大正7年）4月に大阪市に開設されたものです。第一次大戦期の物価高

写真４

騰が進む中、適正価格で食料を流通させ、労働者の生活を安定させることが喫緊の課題となっていました。同年夏に米騒動が全国的に起こったことで、公設市場の設置は全国的に進められました。

写真５は開設当初の本庄公設市場です。精肉店や乾物店の看板が見えていますね。

残念ながら、ナベル本庄は２０２４年４月末で閉店を迎えました。**写真６**は閉店日の写真です。店舗跡は大阪市・東大阪市内でチェーン展開しているスーパーサンコーが引き継ぎ、同年９月に開店しています。ということでこの場所は、今も地域の人たちの台所であり続けています。

写真７はＪＲ京都駅北側にあったスーパー「エビスク七条」。２０２３年７月末で閉店する直前に足を運んできました。エビスク七条の前身は、同じく１９１８年（大正７年）に京都で最初に開設された公設市場「七条公設市場」です。

七条公設市場は１９６１年（昭和36年）に協同組合化され、64年に鉄筋コンクリート造に改修され、

写真5

開設当初の本庄公設市場（出典：大阪市発行『写真でみる大阪市100年』より）

写真6

写真8

写真7

写真9

94年には株式会社化してエビスク七条となりましたが、建物の老朽化によりこのたび閉店を決めたそうです。

店内で商品の製造者を見ていると、鮮魚は「まるこう」(**写真8**)、肉は「かないち」、惣菜は「ゆうざん」、野菜は「八百心」と、それぞれの店舗の名前が書かれていました。つまり、株式会社化しつつも、生鮮品に関しては市場に出店していた個店が提供し続けていたようです。

3 商店街
「横の百貨店」として広がっている

写真9は神戸市灘区の水道筋商店街近くの写真です。「畑原市場」と書かれていますが、この市場は今はなく(奥にあるのは畑原東市場)、跡地にはマンションが建っています。

畑原市場の開設も、1918年(大正7年)頃とされています。当初は「畑原廉売所」という名前で、

写真10

私設でしたが庶民に必要な食料や日用品を安く販売することを目的にしていました。

畑原市場は、建物の老朽化や店主の高齢化、後継者不足などの理由から、２０２０年に約１００年の歴史に幕を閉じています。

その南側には水道筋商店街があります（**写真10**）。設立は１９２４～25年頃です。この商店街のメインストリートの下には、神戸市北区から西宮市経由で神戸市内に水を送る神戸水道が埋められています。なので「水道筋」なのです。水道管の敷設工事は１９２１年（大正10年）に1期工事を終えており、その上に道路が敷かれ、道路に沿って店舗が軒を連ねるようになり、商店街が形成されました。

商店街や市場の顧客は、山手住宅地の住民と海岸の工業地帯（主に神戸製鋼）で働く労働者とその家族でした。界隈はかつて「神戸の東新開地」と呼ばれるほど繁栄していたそうです。

かつての水道筋商店街では、衣料品や食料品、家具、文化品（レコード・ラジオ・カメラなど）など

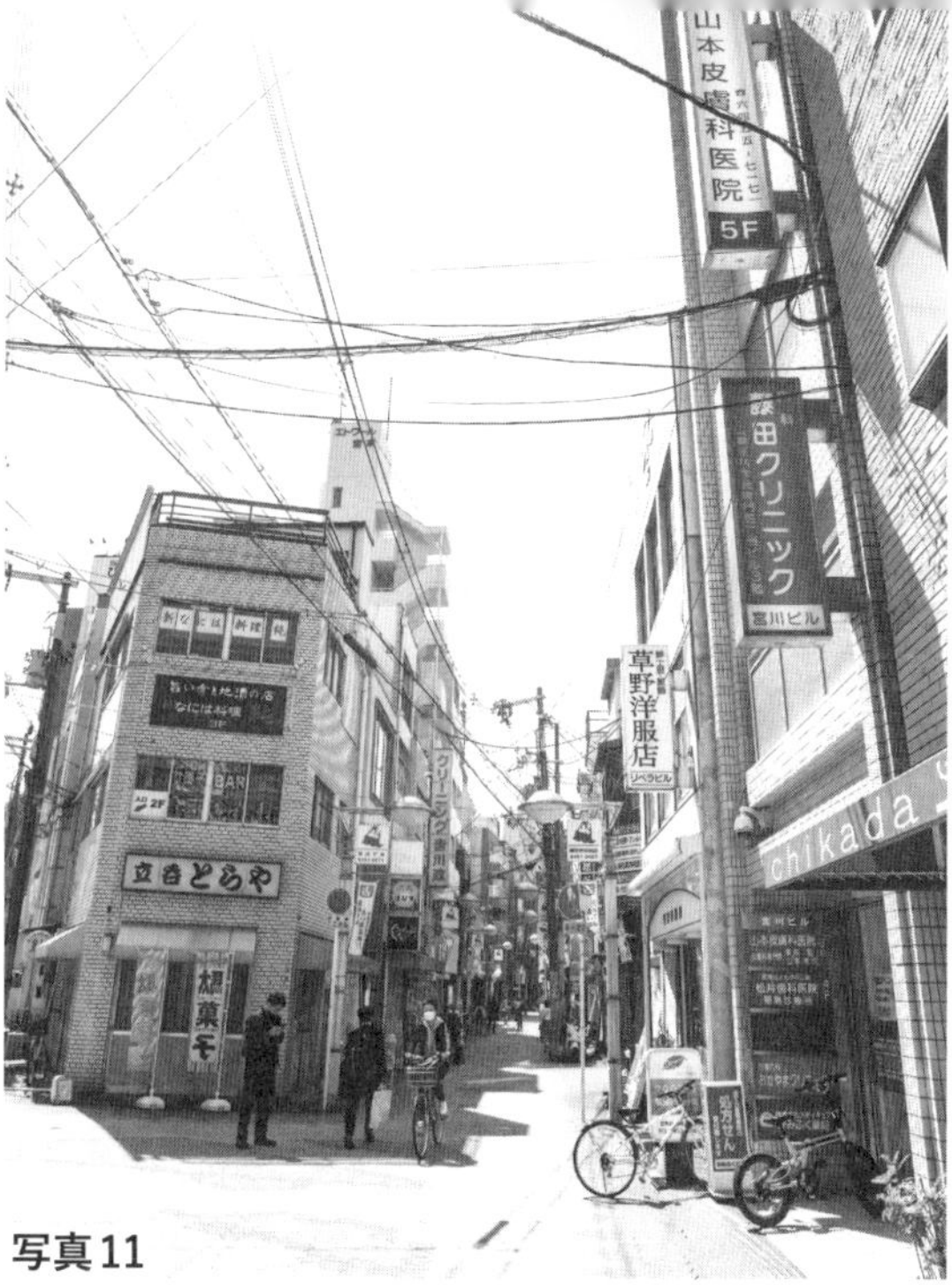

写真11

の買回品店や専門店が中心でしたが、その数は徐々に減ってきています。代わって対個人サービス店や飲食店が増え、また集客力のある食料品中心のスーパー、ドラッグストアなども目立つようになりました。地域の人たちがここで日常的に最寄品を購入することで、水道筋はいまも多くの人が行き交う、賑やかな商店街であり続けています。

写真11は大阪市福島区にある福島聖天通り商店街です。ここは聖天了徳院への参拝道として古くより発展していた場所です。駅からすぐの場所になる草野洋服店は１９１３年（大正2年）創業で、店頭には創業当時の写真が掲げられています。

１９３３年（昭和8年）12月10日の大阪朝日新聞に「ズラリ３００軒　出現横の百貨店　まず聖天通と浄正橋通へ　やがては全大阪市内に」という記事が掲載されています。書き出しには「小売商店街の共同陣　横の大百貨店がいよいよできる、百貨店の攻勢を一蹴して軒並の商店街が尽《ことごと》く同じマーク、同じサーヴィスの下に『さあ買いなはれ』と呼びかけようという画期的な企てがいよいよ商業組合の名の下に実現の第一歩を踏出した」とあります。また後半には、一商店街内の商店が商業組合を作って連携したのは、関西ではこの2商店街が初めてと書かれています。

日本において商店街組織が急激に増えたのは、1920年代から30年代にかけてのこと。第一次世界大戦後恐慌や金融恐慌、昭和恐慌などの不況が何度も訪れた時期です。戦前の日本には失業保険の制度がなかったため、仕事を求めて都市に流入し、職を失った人たちの多くは小規模店舗や屋台、行商などの自営業で身を立てていました。「横の百貨店」というキャッチフレーズは、商店街の組織化が勢力を拡大する百貨店への対抗手段として起こったことを示しています。さながら小魚が集まって1匹の大きな魚のようにふるまう童話の「スイミー」のようです。

4 代理店

メーカーは小売店を系列化していた

写真12は大阪市西成区で見かけたお店です。レトロなたたずまいの店構えに「コクヨ事務用品」の看板が目立っています。

このお店は飛田新地の北門の前にあります。開業は1916年（大正5年）。先々代が貸家経営のために建てた物件でしたが、新地の門が開くようになったことから、自ら煙草屋を営み繁盛したのだそうです。

3代目の現店主は1962年（昭和37年）に嫁いできて、60年以上をここで過ごしてきたそうです。コクヨの代理店も兼ねるようになり、ノートやランドセルなどを一式扱いました。当時は誰もが子どもの文房具を小売店で買っていた時代で繁盛しましたが、その後スーパーマーケットが登場し、またメーカーが学校に直接

写真12

納品するようになってからは、経営は徐々に厳しくなっていったのだと。

このように、大手メーカーが小売店や卸業者を代理店として組織化することを「流通系列化」といいます。日本では第一次大戦後に成立し、化粧品では資生堂が、加工食品では味の素や森永製菓が、家電では松下電器（現・パナソニック）が嚆矢として知られています。既存の流通業者を再編して自社商品の優先的、専属的な取り扱いを求めることで、ブランドイメージを構築するとともに、激しい価格競争によって引き起こされる乱売の防止を目的としていました。流通系列化は戦後の復興とともにさらに進展しましたが、１９６０年代に急速に拡大したスーパーがメーカーの重要な販路となっていく中で、メーカーは個人店よりも大口事業者により手厚い施策を取るようになっていきました。

この看板は、かつての商売の形を今に伝える、貴重な風景遺産といえます。

写真13

5 スーパーマーケットのいま
都心部では過当競争に

写真13は神戸市東灘区本山南町の国道2号線沿いにある「ダイエー甲南店」です。写真左下に小さく「ライフ本山店」が写っています。この2つのスーパーは400メートルしか離れていません。

界隈の地図を見てみると、この2店舗の他にも、セルバ甲南山手の地下1階に関西スーパーが、ダイエー甲南店の南側には阪急オアシスやパル・ヤマトが、阪神深江駅近くにはコープがあります（**地図1**）。

このように、近年は都心部ではスーパーの競合が熾烈になってきています。

「ダイエー甲南店」の開店は1999年3月です。創業者の中内切は、1957年（昭和32年）、大阪・千林商店街に「主婦の店・ダイエー薬局」を開店しました。その後商号を「ダイエー」に変更、取扱品目を拡大して業態をスーパーマーケットに転換

写真14

地図1

©OpenStreetMapcontributors

しています。ダイエーはそれまで定価販売が主流だった小売業のあり方に革命的変化をもたらし、1972年（昭和47年）には三越を抜いて小売業売上高日本一を達成しました。

当時のダイエーは総合スーパー（GMS）と呼ばれる、食料品から衣料品、家具、家電までを幅広く商うモデルを目指していましたが、1980年以降に専門量販店が台頭して以降は方向を修正し、生活必需品に特化した「ハイパーマルシェ」を展開しました。ダイエー甲南店（**写真14**）もそういうお店です。現在は1階で食料品を、2階で衣料・日用品・文具・医薬品・ペット用品などを販売しています。

ダイエーは当時、事業の多角化を図り、ホテル、大学、プロ野球、出版、金融などにも進出。1980年（昭和55年）には日本の小売業で初となる売上高1兆円を達成しましたが、1990年代後半から業績が悪化しました。ダイエーは新規出店において、好立地の土地を購入するスタイルを取ってきましたが、バブル崩壊により土地の価値が下がったことで巨額の負債を抱えました。2004年には産業再生法の適用を受け、産業再生機構からの支援を受けて再生に取り組みましたが、2013年にはイオン傘下に入っています。

ライフコーポレーションの創業者・清水信次は1945年（昭和20年）、戦後のただ中に清水商店を立ち上げ、乾物と輸入品の販売

写真15

を始めました。50年代にはパイナップル缶詰、バナナ、ココアなどアメリカ占領軍物資を販売する事業を手掛けましたが、米軍基地内の食品スーパーに可能性を見出し、輸入品の調達と視察を兼ねてアメリカを訪問、１９６１年（昭和36年）に豊中に「ライフ」1号店を開店しています。

ライフでは近年、「怒濤の出店」と称して新規出店攻勢をかけるとともに、特定の地域に集中して出店する「ドミナント戦略」を積極的に進めています。地域に複数店舗を出店することで認知度を向上させるとともに、独自の物流網やプロセスセンター（製造工場）を整え、流通の効率化を図っています。また店舗の標準化だけでなく、地域に合った品揃えや売り場づくりにも取り組んでいます。ライフ本山店（**写真15**）の開業は２０１０年10月。深夜12時までの営業で地域のニーズに応えています。

関西スーパーは１９５９年（昭和34年）、食料品を扱うセルフサービス店として伊丹に1号店を出店しています。当初は生鮮品を業者に委託していましたが、創業社長の北野祐次は１９６７年（昭和42年）のアメリカ視察後、鮮魚部門を直営化して従来の「職人」制度から脱却、食品スーパーマーケットとして品質・鮮度保持を目的に冷蔵・冷凍の陳列ケースを自主開発し、店舗内で生鮮食品を

写真16

写真17

パック詰めにして売り場に並べる「プリパッケージ・システム」を確立しました。またバックヤードにおける流れ作業を確立し、素人で作業が完結できるようにしました。さらに北野氏は、そのノウハウを惜し気もなく同業他社に紹介しました。この「関西スーパー方式」は、その後の生鮮品を扱うスーパーのスタンダードとなっています。

関西スーパーセルバ店は「セルバ甲南山手」の地下1階にあります（**写真16**）。２００３年に当初からの核店舗であったマイカルの撤退後に開業。私設市場発祥のセルバ名店会と同じフロアにあり、共存共栄を果たしているように見えます。

生活協同組合コープこうべは、公設市場とほぼ同時期の１９２１年（大正10年）に誕生しています。

当時は第一次世界大戦後の不況が続き、工場の閉鎖や賃金の引き下げ、リストラなどで労働者の生活は困窮していました。社会運動家・賀川豊彦は、彼らの生活安定のためにはお互いに協同して生活を守り合う消費組合が必要だと考えていました。

賀川は同志とともに「神戸購買組合」を創立して現在の神戸市中央区八幡通に店舗を構え、米や醤油などの生活必需品の供給を始めました。また同年、賀川のアドバイスを受けた住吉村の事業家・那須善治は「灘購買組合」を創立しました。この２つの購買組合が１９６２年（昭和37年）に合併し、名称変更を経て現在に至っています。創立当初からご用聞きをスタートし、１９７７年（昭和52年）には協同購入制度による商品供給を、１９９７年（平成９年）には個人宅配事業を、それぞれスタートしています。

コープ深江（**写真17**）の開業は１９６８年（昭和43年）。店舗構成はかつてＧＭＳを目指したダイエーに似ていますが、1階には〝一人は万人のために、万人は一人のために〟という標語が掲げられ、店内には組合員用の集会室があり、組合員活動を紹介するチラシが各階に貼られています。時代の流れに対応しつつ、創立当初から「愛と協同」の精神を守り続けている独自の存在です。

6 コンビニエンスストア
大型店規制の抜け穴として始まった業界

写真18はＪＲ東海道線・さくら夙川駅の改札前です。ビルが2棟並んで建ち、1階にはそれぞれローソンとセブンイレブンが出店しています。
さくら夙川駅は２００７年に開業した新駅です。橋上駅として設置され、駅前再開発は行われていないので、駅前の好立地を活かして出店できたのはコンビニだけだったのでしょう。
写真19は沖縄本島北部・名護市真喜屋で撮ったものです。国道58号線沿いにファミリーマートとセブンイレブンが通りをはさんで出店しています。
セブンイレブンの沖縄県初出店は２０１９年7月のことですが、２０２４年12月末には１８０店舗が出店しています。かなりのハイペースです。

写真18

地域の風景を画一化させるコンビニは〝地域経済〟とは真反対の存在に思えますが、ここでは、コンビニとはどういう業態なのかを改めて考えてみましょう。

コンビニエンスストアが日本に登場したのは1960年代末のことです。最初期のものは小売商や問屋が主宰したボランタリー・チェーンでしたが、その後スーパーマーケットも同業態に進出。73年に西友が「ファミリーマート」を、74年にイトーヨーカ堂が「セブンイレブン」を、75年にはダイエーが「ローソン」を、それぞれ開業しています。

背景には、1973年（昭和48年）に公布された「大規模小売店舗法」がありました。同法では売場面積500㎡以上の店舗を規制の対象としましたが、大手スーパー各社はこの規制にかからない新業態としてコンビニを開発しました。さらに経営をフランチャイズチェーンとし、担い手として既存の食料品店や酒販店、米穀店などを取り込んでいます。つまり中小小売商と〝共存〟する戦略を取っているのです。1990年代になると上記3社の寡占化

写真19

が進み、２０２４年1月には大手3社の店舗数シェアは90・4％に達しています（日本ソフト販売（株）集計データより）。

コンビニでは、１９８０年代からＰＯＳシステムを導入しています。商品が売れた時点でバーコードで読み込んだ情報を本社や配送センターに伝え、１日に3回のデリバリーで在庫を補充しています。コンビニの平均的な売場面積は１００㎡、商品点数は３０００種程度ですが、ＰＯＳシステムを通じてタイムリーな納品を実現しつつ、死に筋商品を在庫から外すことで商品効率の良い回転を実現しています。

特にコンビニでは、おにぎりやサンドイッチ、弁当などの日配商品を、朝・昼・夜のピークに合わせて欠品が出ないようにするため、協力工場や配送センターを近くに配し、各拠点と店舗を効率よく回れる配送ルートを確立しています。

コンビニ各社も「ドミナント戦略」を積極的に進めています。配送ルートの効率化による配送時間・コストの削減とともに、集中的に出店することで他チェーンに対する競争優位性を確保することがその目的です。

近年、コンビニは宅配便の発送、ＡＴＭサービス、公共料金の支払い、購入チケットの引き換え、住民票の発行などの様々なサービスを提供する、私たちの生活に欠かせない存在になっています。特に高齢社会化が進むと、ワンストップでさまざまな生活ニーズに応えるコンビニはその存在意義を一層増していくでしょう。近年は、防犯・見守り拠点や災害時の物資供給拠点など、社会的インフラとしての機能も期待されています。

一方で、ドミナント戦略の過熱により、既存店の商圏内に同一チェーンの店舗が出店したために、既存店の売上が減少し、経営を圧迫しているという状況も起こっています。また人件費の高騰や人手不足などにより、ＦＣ店の経営は厳しくなってきています。地域における人々の暮らしは、誰がどういう形で守っていくのか、コンビニに期待するだけでなく、しっかりと考えておく必要があります。

7 ＳＰＡとＰＢ

いまの時代には最強の業態

写真20は大阪府堺市にある「イオンモール堺北花田」。２００４年10月に新日本製鐵（現・日本製鉄）花田社宅跡地にオープンした大型商業施設です。

開業時にはイオンと阪急百貨店の２つの核店舗と１５０店舗近い専門店を備えていましたが、２０１７年に阪急百貨店が撤退。後を埋めたのは無印良品、ユニクロ、ＧＵ、エディオンなどの大型小売店舗でした。

写真21は京阪・地下鉄山科駅南側にある商業施設「ラクト山科」。市街地再開発事業によって１９９８年にオープンしています。当初の核店舗だった大丸山科店は２０１９年３月末に撤退。同年11月に無印良品が地下

写真20

1階から2階までの3フロアを埋める形で出店しています。

ここから見えてくるのは、郊外百貨店の不振とSPA（製造小売）の台頭という構図です。SPAとは商品の企画から製造、物流、プロモーション、販売までを一貫して行う小売業態で、ユニクロ、GAP、ZARAなどのアパレルがよく知られています。この業態が登場したのは1980～90年代のことです。

それまでのアパレル企業は「製造卸」という業態で、商品を作り、百貨店や洋品店、ショッピングセンターなどに卸していました。そして百貨店では、仕入数ではなく売れ数について商品代金を支払う「委託仕入れ」と呼ばれる取引が一般的になっていました。

アパレル企業がSPA化するには、自ら店舗を出店し、大量の商品在庫を抱える必要がありますが、自社の売り場で消費者のニーズを把握し、商品開発をスピーディに行えるようになると、粗利益率が高

写真21

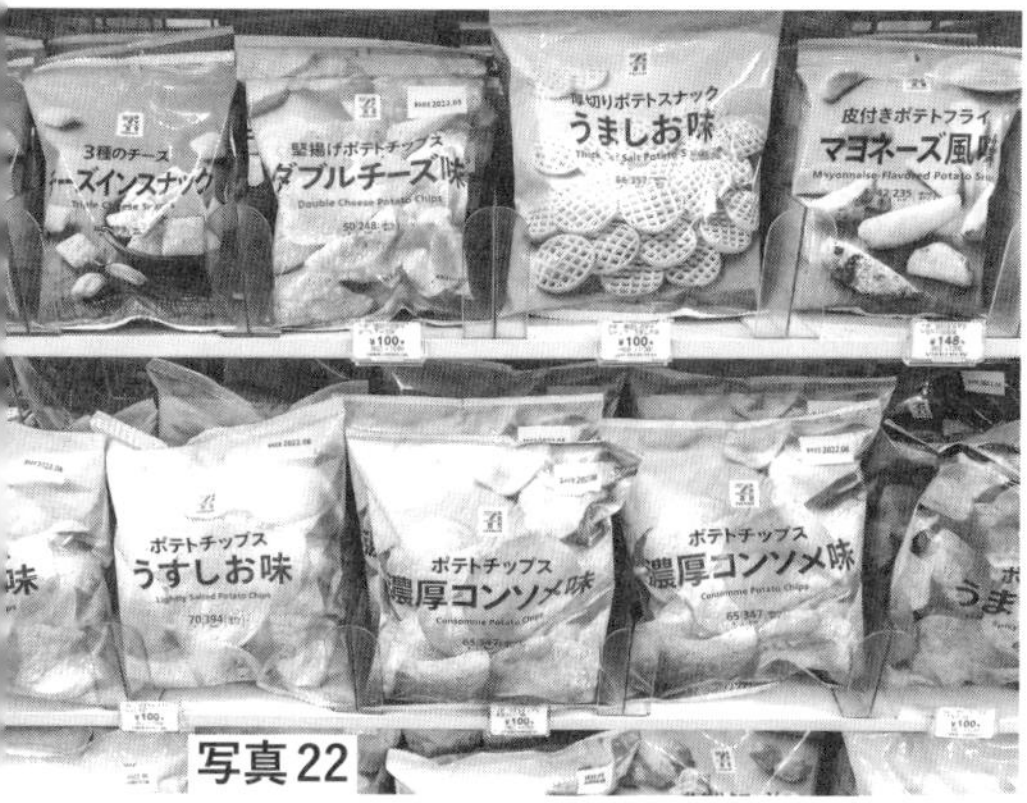

写真22

い分、より多くの利益を得ることができます。

アパレルだけでなく、生活雑貨や家具などを扱う無印良品やニトリもSPAです。衣服の場合は企画と縫製ができれば作れますが、家具や生活雑貨でSPA化するには、多岐にわたる商品を企画・デザイン・製造する力が必要です。ですがいったん実現できると、経営の足腰は強くなります。撤退したモール内の百貨店に置き換わっている店舗の多くがSPAなのは、こういう理由によります。

写真22はセブンイレブンのスナック菓子の棚です。「セブンプレミアム」というプライベートブランド（PB）の商品が並んでいます。商品の写真をパッケージに大きく載せた、統一感あるデザインが目を惹きますが、これらの商品を作っているのはセブンイレブンではありません。

1段目の「皮付きポテトフライマヨネーズ風味」はブイエフアンドティ、「厚切りポテトスナックうましお味」は東ハト、「3種のチーズインスナック」は菊屋、「堅揚げポテトチップスダブルチーズ味」と2段目のポテトチップスはカルビーが、それぞれ製造元として表記されています。

ブイエフアンドティは岡山県の会社で、じゃがいも、野菜、フルーツなどの乾燥食品を、企業からの注文を受けて作っています。

いわゆるＯＥＭ（Original Equipment Manufacturing：委託を受けて他社ブランド製品を製造すること）です。一方、東ハト、カルビー、菊屋は、自社ブランドでも同種の製品を販売しています。にもかかわらず、セブンイレブンに商品を提供しているのです。

ＰＢとは、流通業者が企画し、独自ブランドで販売する商品のことをいいます。１９６０年頃に大手百貨店やスーパーマーケット、生協などが開発を始めています。当初は「安かろう、悪かろう」という評価でしたが、80年代になると無印良品など、品質やデザインにおいても評価されるＰＢが登場しました。

「セブンプレミアム」は２００７年に、セブン＆アイグループの共通ＰＢとして誕生。セブンイレブンをはじめイトーヨーカドー、そごう、西武などのグループ店舗で販売されています。その過程で、技術力のあるメーカーとの共同開発、最適な生産能力を持つ工場での製造などを行っています。

セブンイレブンの店舗数は、２０２４年12月時点で２万１６５１店。これだけの売り場を持つコンビニとの連携は、自社ブランドを持つメーカーにとっても大きな魅力です。またＰＯＳシステムからの情報や売り場での顧客ニーズをダイレクトに把握している流通側からの提案は、売れる商品づくりに大いに役立つことでしょう。

ＳＰＡ（製造小売）は流通業でいう川上側（製造側）から発展したモデルで、ＰＢ（プライベートブランド）は川下（小売側）から発展したモデルです。言いかえると、ＳＰＡは売れるものを自ら作るビジネスモデル、ＰＢは売れるものを作ってもらう業態といえます。両者が高い市場競争力を誇っているのが現在の流通業ですが、商業施設が足腰の強い業態に置き換わるにつれて、その風景は画一化し、地域を支える経済であると感じにくくなってきていますね。

コラム　外食チェーンの登場

阪急箕面駅から駅前商店街を抜けたところにある「ミスタードーナツ 箕面ショップ」。1971年（昭和46年）にできたミスタードーナツの日本1号店です。

オープン時には「ダイエー箕面ショッパーズプラザ」の一角に出店し、2001年にショッピングセンターの撤退にともない閉店しましたが、地域からの強い要望を受けて2004年に現在地に再オープン。2020年には創業当時のデザインモチーフを再現した内外装にリニューアルされています（**写真23、24**）。

店内には創業時の歴史を紹介したパネルが展示されているのですが（**写真25**）、その中にミスタードーナツの誕生秘話が記されています。

写真23

写真24

写真25

1970年のこの時、ダスキン創業者・鈴木清一は、ボストンのホテルで苦渋の決断を迫られていました。契約交渉をおこなうため、ボストン近郊のミスタードーナツ・オブ・アメリカ社を訪れた鈴木清一は提示された条件をみて驚愕します。

「42万5千ドルで日本全国のフランチャイズ権を譲る」

当時の日本円にして約1億5300万円。ダスキンの資本金の2倍にも及ぶ契約金に戸惑い、鈴木清一は一度宿泊先のホテルへと戻ったのでした。

「ぞうきん屋で成功したダスキンが、ドーナツのために…元も子もなくなってしまうのでは…」

鈴木清一は悩みました。しかし、考えに考え抜いた末、ドーナツの本当のおいしさを日本に広めたい、という熱い思いから契約を決断。1970年1月27日、この決断の日を私たちは「創業の日」としています。

日本のミスタードーナツは、掃除用具レンタルのフランチャイズシステムを国内で確立していたダスキン社が、アメリカの同社との契約のもとにフランチャイズ展開しています。国内では1030店（2024年9月現在）を展開するブランドとなっており、さらにタイ、フィリピン、台湾、インドネシア、シンガポール、香港の6つの国と地域でも事業を展開しています。

外食チェーンが日本に本格的に登場したのは1970年前後のことです。それまで外食といえば料亭、百貨店・ホテルのレストラン、駅前の大衆食堂などで、特に当時の料亭やレストランが提供していたのは、祝い事や行事など、特別な意味合いを持つときの食事でした。1969年（昭和44年）の「第二次資本自由化」により外食産業等の国際資本移動が認められたことで、アメリカの外食産業が一気に日本に進出しました。1970年には「ドムドムハンバーガー」が東京都町田市のダイエーの敷地内に、「ケンタッキーフライドチキン」の実験店が大阪万博に、「すかいらーく」が東京都府中市に初出店を果たし、翌71年には「マクドナルド」が銀座三越店内に、「ミスタードーナツ」が大阪府箕面市のダイエーに、それぞれ1号店を出店しています。そしてその後にファミリーレストラン・ファーストフードのチェーンストア展開が始まり、「外食産業」という用語も一般化していきました。

チェーン店というものが今では当たり前の存在なので、それがいつ、誰のどんな思いから生まれたのかを知る機会はあまりないでしょう。その意味で、ミスタードーナツ箕面ショップは歴史を垣間見せてくれる〝露頭〟のような存在といえます。

第 5 章
サービス業と地域経済

写真1

1 塩の道
海と内陸部を結ぶ交易路があった

写真1は兵庫県丹波市氷上町にある「本郷舟座跡」の碑です。舟座とは荷を積み下ろしする舟の発着場で、ここで舟から運上金を徴収し、荷物の行き来を管理していました。背後には加古川が流れ、60キロメートル下ると河口に着きます。逆に加古川の町から本郷までは舟でさかのぼれたのです。

舟座が開かれたのは1604年（慶長9年）のことです。本郷からは大名の年貢米や大豆・薪炭などを下し、上り荷として塩・干鰯・藍玉・灯油などを運んでいました。特に内陸では塩が重宝され、江戸時代を通じて本郷は物資の集散地として賑わいましたが、1899年（明治32年）に阪鶴鉄道（現・JR福知山線）の開通の後に、約300年続いた舟座の幕を閉じています。石碑の近くには、かつての繁栄を思わせる立派な家々が建ち並んでいます。

ここから4㎞近く東に「水分れ公園」がありま

す。水分れとは中央分水界のことで、ここを境に、降った雨の行き先が瀬戸内海か、日本海かが変わります。分水界の多くは山の稜線ですが、この地では扇状地の中央を走っています。**写真2**は公園内に設けられた川の分岐で、左側は加古川を経て瀬戸内海へ、右側は由良川を経て日本海へと流れていきます。

公園に隣接する「氷上回廊水分れフィールドミュージアム」では、この不思議について詳しく解説しています。その中では加古川と本郷を結んでいた高瀬舟についても分かりやすく紹介されています（**写真3**）。

京都府にある福知山も由良川の舟運で栄えた土地で、能登半島や宮津の塩が舟で運び込まれ、福知山城下にあった菱屋町は塩をはじめとする問屋業で栄えました。

福知山と本郷は、約25㎞離れています。かつてはこの間は川をさかのぼってきた塩などの物資が陸路で運ばれていました。塩久峠、塩津峠という名の峠があるのが、そのことを示しています（**地図1**）。

写真2

写真3

氷上回廊水分れフィールドミュージアム 展示より

地図1

近畿西部の主要街路（近世）

（出典：富岡儀八『塩道と高瀬舟』古今書院、1973年）

写真4

このような、海岸部から内陸部に塩を運ぶための「塩の道」が、日本各地に存在していました。時代が下り、鉄道や車で物資が運ばれるようになると、多くは使われなくなり、その存在も忘れ去られていきました。

2 在郷町
山村と都市の間にあった商工業の拠点

写真4は阪急宝塚線池田駅の近くにある「吾妻」の外観です。名物は「ささめうどん」。とろみのついた出汁におろし生姜が入っていて、体がとても温まります。

「吾妻」の創業は1864年（元治元年）。大阪で一番古いうどん屋として知られています。現店舗は4階建てのアパートの1階にありますが、店内にはかつての外観を描いた絵（**写真5**）が飾られていました。

地図2は街で見かけた看板です。「吾妻」は左端

写真5

「吾妻」店内に飾られている絵

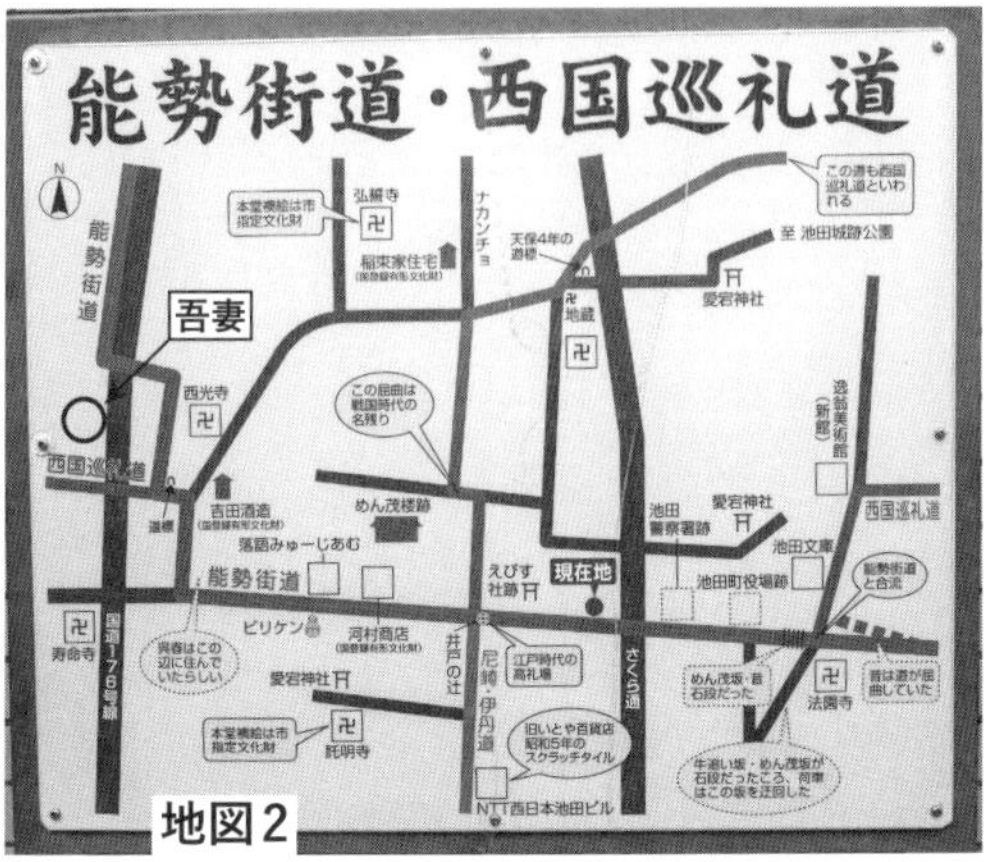

地図2

能勢街道・西国巡礼道 看板より

写真6

の、西国巡礼道と能勢街道との分岐点近くにあります。能勢街道は大坂から能勢に至る街道で、池田は大坂からも能勢からも徒歩で半日の場所にあることで、物資の中継地として栄えました。池田や能勢で産する酒や木綿・衣類・木材や、丹波の米・栗・炭・銀・銅などが能勢街道を通って大坂に運ばれていたそうです。箕面の勝尾寺と宝塚の中山寺を結ぶ西国巡礼道と交差していたことで、池田は多くの参詣者が訪れる場所ともなっていました。

写真6は「吉田酒造」の建物です。主屋は１８７７年（明治10年）に再建されていますが、ルーツは元禄期にあり、当時の建物の構造を残しています。東側には「呉春」の蔵元があります。創業は１７０１年（元禄14年）頃といわれています。

１６９７年（元禄10年）に、池田村には32軒の酒屋が存在しました。池田の酒は江戸にも送られ、伊丹酒とともに好評を博していました。当時上方から江戸に送られた酒の一割近くを池田酒が占めていたといいます。

写真7

酒蔵は猪名川の近くにあるので、そこから船で酒樽を積み出していたのかと思えますが、実は船はここから3㎞下流の、伊丹の下河原までしか来ていませんでした。

池田村は当時「在郷町」と呼ばれる、商工業者が集住する小都市的な集落を形成していました。池田に暮らす人の半数近くが酒や木綿・衣類の製造、物資の輸送など、農業以外の職に就いていましたが、特に陸上輸送の権益を持つ馬借《ばしゃく》・馬持《うまもち》・問屋の力が強く、彼らの反対により池田までの通船の認可が下りなかったのです。

このために、池田の酒荷は下河原まで荷駄で運ばれ、ここで川船に積み替えられ、江戸に運ぶ際にはさらに樽廻船に積み替えられていました。そのため江戸後期になると、池田は直接江戸への船積みができる灘五郷に、上方の銘醸地の座を明け渡すことになったのでした。

池田はまた、炭の取引でも知られていました。猪名川上流域の山間部では、室町時代から銀の精錬用として炭が盛んに作られ、最盛期には40軒の炭問屋がありました。クヌギを使った良質の炭は「池田炭」と呼ばれ、茶の湯などで珍重されてきました（**写真7**）。

「池田の猪買い」という落語があります。冷え気（淋病）に悩む男が「獲れたての新鮮な猪の肉が効く」と言われて、大坂から池田にいる猪撃ちの名人のところまでやって来るという話です。炭にし

写真8

ても猪にしても、池田という町が都市と山とをつなぐ場所だったからこそのエピソードです。

3 産地問屋街

流通業者がいることで、商品が生まれる

写真8は京都府木津川市の上狛茶問屋街で見かけた製茶場です。界隈には現在、茶問屋が24軒ありますが、大正時代初めには150軒あったそうです。「伊右衛門」でサントリーとコラボレーションしている福寿園もこの茶問屋街にあります（**地図3**）。

僕がWalkin'Aboutで訪ねた杉本万吉本店は仕上げ加工を担う産地問屋で、農家から仕入れた茶葉の茎を取り、粉を飛ばし、茶葉を刻んで整え、宇治・京都・大阪にある消費地問屋に出荷しておられます。創業は1869年（明治2年）で、ご主人は5代目です。

南山城のお茶は煎茶と玉露が中心です。煎茶は新芽の茶葉を蒸して揉み、乾燥させたもので、玉露は

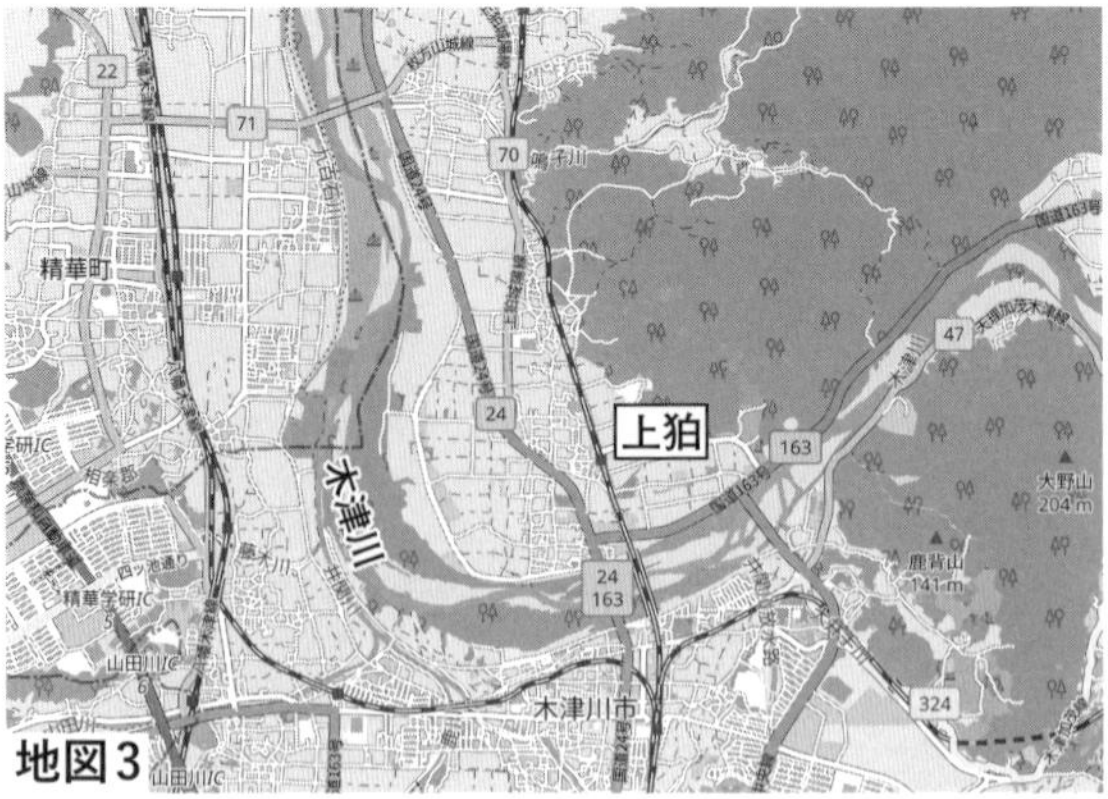

©OpenStreetMapcontributors

覆下栽培《おおいしたさいばい》（**写真9**）といって、収穫前に20日以上茶畑に覆いを掛けて、苦みを減らし旨味を増やしたものをいいます。

ご主人からは、こんなお話を伺いました。

> 農家から届いた茶葉には値段はない。僕らが見て、匂って、触って、淹れて、値付けをする。そこから流通が始まる。
> 昔は加茂や南山城からは船で、和束《わづか》は山の中なので、牛車や自転車で茶葉を運んでいた。

お店には先々代が信楽であつらえた立派な火鉢がありました（**写真10**）。かつてはどこの茶問屋にも火鉢があり、鉄瓶を乗せていて、いつでもすぐにお茶が出せるようにしていたそうです。

南山城で茶の栽培が始まったのは室町時代ですが、上狛に茶問屋が集積したのは明治に入ってからのことです。もともと南山城では米と木綿が主要な作物でしたが、幕末の開港期に煎茶が主要な輸出品となったことで、産地拡大のため山間部にも茶畑が広がりました。

上狛にはもともと木綿の仲買人が多かったのですが、明治中期に国産木綿が海外綿に押され、作付けが激減した時期に茶商へと商売変えしています。南山城、加茂、和束から上狛まで運ばれた茶葉は

写真9

写真10

問屋により加工精製され、上狛浜から船で木津川と淀川を経て神戸港まで運ばれ、そこから海外へと輸出されていました。

上狛には七条七之助という茶商がいました。１８８６年（明治19年）生まれで、20代の時に神戸の貿易商社に売り込みに行き、大量の注文を取って帰ってきました。その商品を集めるために界隈に茶商が増えたのだそうです。七之助は「ほうじ茶の祖」と呼ばれ、日本で初めてほうじ茶を商品化し、販売した人物でもあります。

その後、煎茶輸出の中心地は静岡に移りましたが、上狛では国内販売に力を注ぎ、より付加価値の高い茶を扱うようになりました。七之助は新聞・雑誌広告などを積極的に打ち出し、ブランド戦略によって南山城の茶の地位を確立していったそうです。

２０１５年（平成27年）に、木津川市は京都府下の4市5町1村とともに「日本茶８００年歴史散歩ストーリー」として日本遺産に認定されています。

茶の産地として、いま勢いがあるのは和束町です。２０００年代後半からは6次産業化の取り組みが進み、和束茶としてブランド化されています。町内の茶農家が中心となって「和束茶カフェ」を運営し、農家直売のお茶や、地元主婦グループが作るお茶を使ったスイーツなどを販売しつつ、町内の見どころ案内などもしています。

写真11

丘陵地には一面茶畑が広がる素晴らしい風景が今も残されています（**写真11**）。

4 観光地の土産
人が訪れる場所で、ものづくりが生まれる

神戸市北区・有馬温泉には「人形筆」という名物があります（**写真12**）。人形筆とは、筆先を下に向けると、反対側から豆人形が「ひょこっ」と飛び出すからくり筆で、近郊で採れる篠竹で作った筆軸に絹糸を巻き付けて作られた、色鮮やかで美しい逸品です（**写真13**）。1559年（永禄2年）に神戸の伊助という筆職人が創作したのが始まりとされ、子宝授与の縁起物として人気を博してきました。大正時代、有馬には人形筆造りの店が4〜5軒あったそうですが、現在は「灰吹屋西田筆店」1軒のみとなっています。

有馬温泉には「有馬籠」という、安土桃山時代に発祥した伝統的な竹工芸もあります（**写真14**）。豊

臣秀吉が愛した有馬温泉で、千利休の好みによって花籠をつくり始めたのが起源とされています。「竹芸有馬籠くつわ」では、六甲山系の良質な竹を素材に、様々な竹工芸品を職人の手仕事で制作されています。

兵庫県豊岡市・城崎温泉には「麦わら細工」があります。さまざまな色に染めた大麦のわらを桐箱や色紙に貼り付け、細工を施したものです。江戸時代中期に鳥取から湯治に来た半七という男が宿代の足しに売り始め、後に伝統工芸として発展したものだそうです。

麦わら細工の職人は、今も木屋町小路にある「かみや民藝店」におられます。僕は麻の葉模様の小物入れに一目惚れして衝動買いしました（**写真15**）。

このように、古くからの温泉地には昔から湯治客を目当てにした工芸品があります。有名なのは「こけし」ですね。もともと山奥で椀や盆などを作っていた木地師たちが子どものおもちゃとして作ったものですが、江

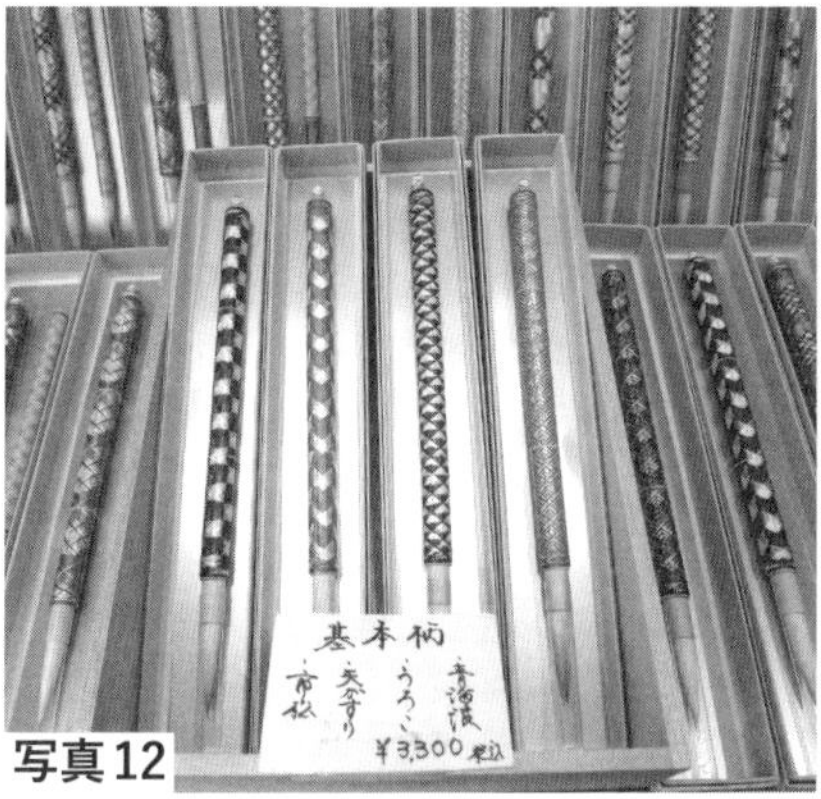

写真12

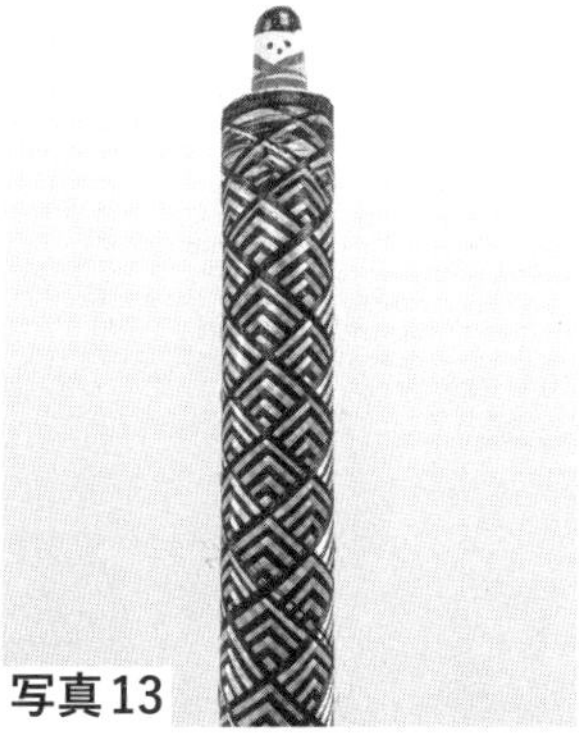
写真13

写真14

写真16

写真15

戸時代後期に東北の温泉地で人気が出たことで、各温泉地でさまざまな形やサイズ、模様のものが登場しました。特に山間地などでは、地域を支える重要な経済活動になっていたのです。

時代が下り、多くの観光客が温泉地を訪れるようになると、そこに生まれる土産物需要を見込んだ商売も増えていきました。

有馬温泉には「炭酸煎餅」という名物もあります。小麦粉、片栗粉、砂糖、塩を温泉の炭酸水[*]で練り、薄く焼き上げたお菓子で、1907年（明治40年）頃に三津森本舗の創業者・三津繁松が、有馬の旅館や土産物屋、有馬温泉に逗留に来ていた病院の院長などの指導・助言を得て開発したものです。お店の看板には「大醫（医）緒方先生御指示」と書かれています（**写真16**）。

写真17は、城崎温泉駅から温泉街に向かう目抜き通りにある、豊岡かばんのショップです。すぐ向かいには、「世界一静かなスーツケース」で知られるエンドー鞄の直営店もあります。

豊岡がかばんの産地であることは第3章で紹介しましたが、その有力な販路となっているのが城崎温泉です。

城崎温泉はＪＲ豊岡駅の約10km北に位置します。**地図4**に見えるように豊岡の市街地は豊岡駅周辺に広がっていますが、観光客が主に訪れるのは城崎温泉です。2017年の豊岡市のデータによる

写真17

と、豊岡市の年間宿泊者数約120万人のうち、約60万人が城崎に、約15万人が豊岡に宿泊しています。つまり、B to C（一般消費者向けの商売）を考えた場合には、城崎温泉に店を構えた方がより大きな商売が見込めるわけです。

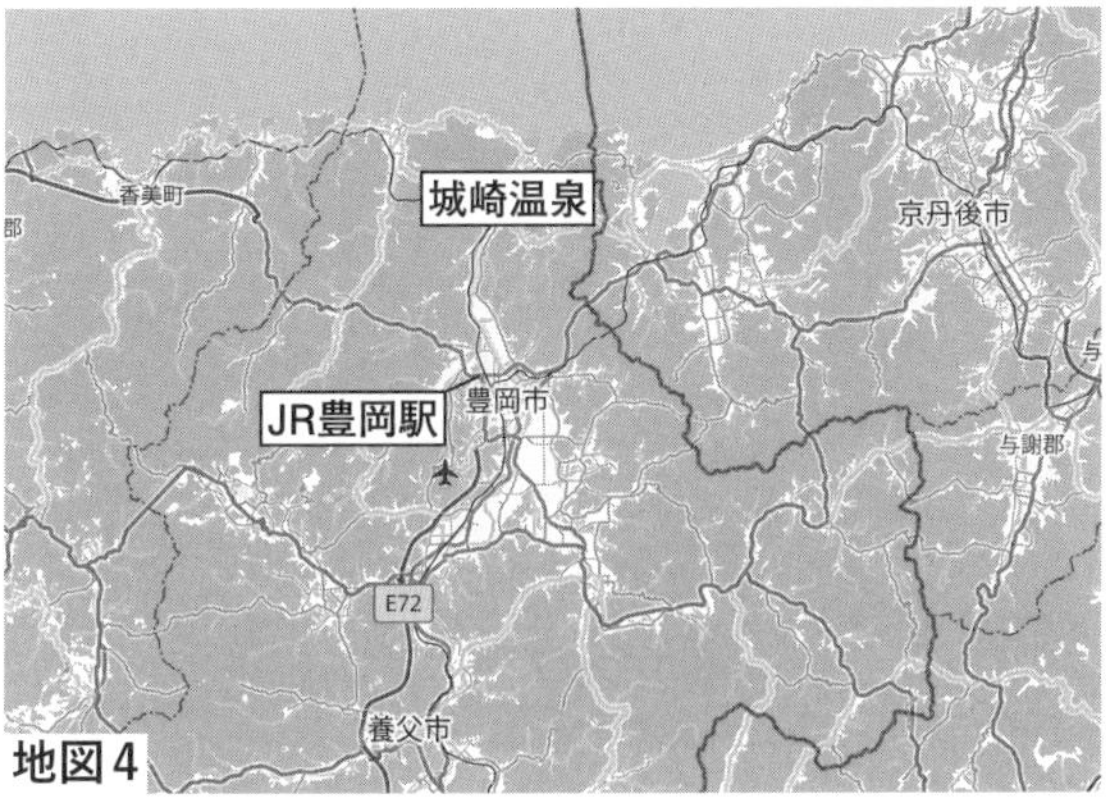

地図4
©OpenStreetMapcontributors

（＊）現在は衛生上の観点から、温泉の炭酸水ではなく膨張剤（重曹）を使用

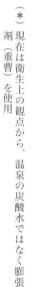

写真18

5 食材供給源

生産者は都市の市場を必要としている

2014年にWalkin' About@姫路を開催中、ある寿司屋でこんな看板を見かけました（**写真18**）。目に留まったのは「家島のわたりガニ」という文字です。この看板を見た時から、僕の中には「姫路の飲食店の食材はどこから供給されているのか？」という問いが生まれました。

その視点を持ってまちを歩くと、カキは室津（たつの市）や相生から、魚は明石・高砂・相生・淡路島、米は加西、酒は播州の地酒と、いずれも姫路の周辺地域から調達されていると分かります（**地図5**）。**写真19**は居酒屋の入口にあった提灯です。「姫鯖刺し」とは第2章でみた坊《ぼう》勢《ぜ》島《じま》のサバです。生サバを刺身で食べられるのは近場だからこそです。

坊勢島については第2章で紹介しましたが、姫路はそれだけでなく、多くの農漁産物や加工食品の産地に囲まれています。臨海地帯には工場が集積し、

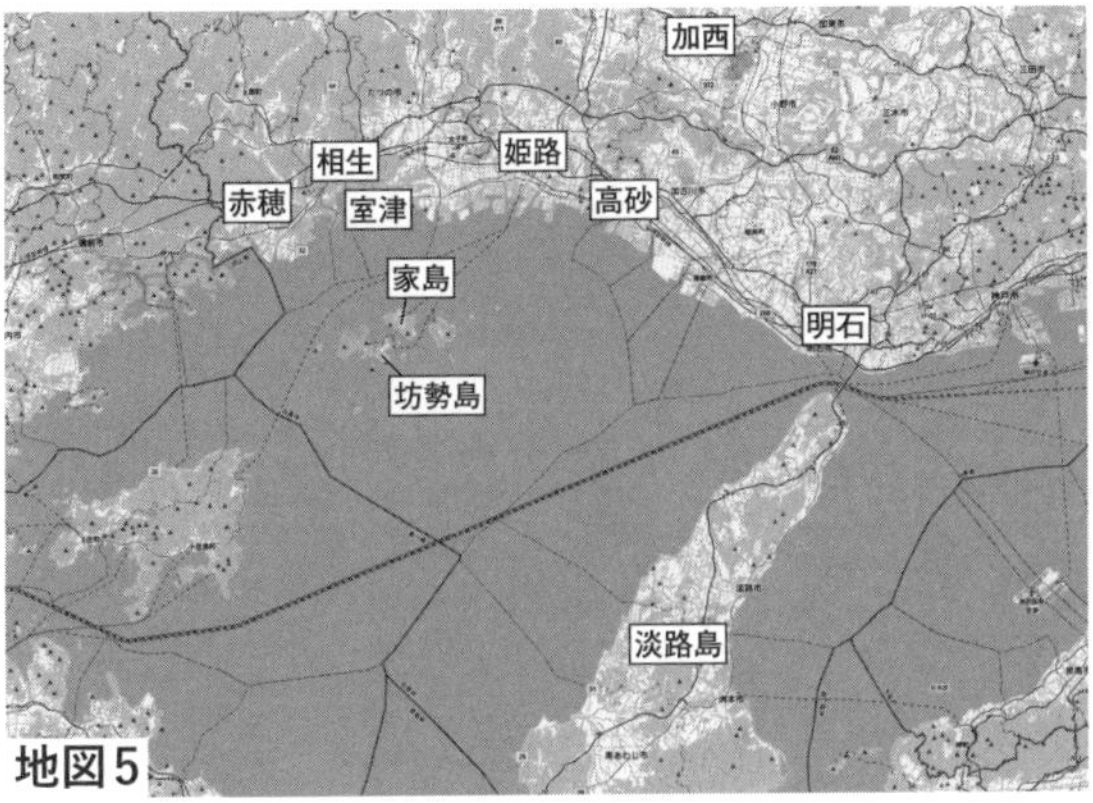

地図5

©OpenStreetMapcontributors

写真19

中心部には官庁街・オフィス街があり、さらに姫路城をはじめとした観光地にも恵まれた姫路は、これらの産地に格好のマーケットを提供しています。

西二階町商店街には、海老のバター焼きが名物のお店があります。お店の前に掲げられた看板には、初代店主が姫路で飲食店を営むようになったいきさつが記されています。

初代店主は純粋の漁師で海老獲（原文ママ）を専業にしておりました。ある年赤穂の沖で海老が大漁にとれましたが売り値が安く腹の立つ程値下りしてしまいました。この安い海老を冷凍にしておいて年中高く売る方法はないものかと素人ながら一生懸命料理を考え研究を重ねてできた料理が、当店唯一の自慢の品、海老のバター焼で御座居ます。

大漁による値下がりを機に、漁業（第一次産業）から飲食業（第三次産業）に進出したというのが興味深いところです。

そして第2章でも紹介した播州の手延べそうめんのお店は姫路にないのだろうかと探っていると、おみぞ筋商店街に、ロボットが手延べ素麺を作るという一風変わった飲食店がありました（**写真20**）。

写真20

オープンは２０２３年で、僕が２０２４年5月に行った時にはリニューアル改装のため休業中でしたが。

このように、姫路には必然的に周辺の豊かな食材が集まっています。「姫路を中心とした播州経済圏」として、このことをもっとＰＲすれば、姫路はより強い観光集客力を発揮できるのではと見ています。

6 団体旅行から個人旅行へ
温泉地がたどった変遷

写真21は有馬温泉・有馬川から南を望む風景です。大型旅館が川沿いに建ち並んでいるのが見えます。**写真22**はその先にある古い旅館街です。

有馬の町の古くからの中心地は、六甲川と滝川という二つの川に挟まれています。そして大型旅館は、その周辺の川沿いや山裾、丘陵地に開発されています（**地図6**）。ちなみにこの二つの川の合流点から下流側が有馬川です。

温泉地は長らく、湯治客が長期で滞在する「湯治

写真21

場」として栄えました。１９２８年（昭和3年）に神戸有馬電気鉄道の有馬駅（現・有馬温泉駅）が開業すると、有馬は企業や実業家の方々が休暇に温泉を楽しみに訪れる別荘地になりました。その後時代が下り、交通網が整備されメディアが発達していく中で、保養地や観光地として知られるようになりました。高度成長期には大型旅館の建設が相次ぎ、社員旅行や旅行会社のパック旅行などで多くの団体客が大型バスに乗って訪れるようになりました。そして大型旅館は、入浴、食事・宴会、宿泊を一つの施設内で完結させたサービスを提供するようになりました。

ですが１９９０年代に、団体客は激減していきます。そして高度成長期に大規模設備を整えた温泉旅館は軒並み苦戦しています。逆に団体客を受け入れることなく昔ながらの風情を保ってきた温泉宿は、その後の個人客化の波に乗り、賑わいを取り戻しています。有馬温泉では、大型旅館の経営を引き継ぎ、家族客をターゲットにすることで経営を立て直している旅館も見られます。

写真22

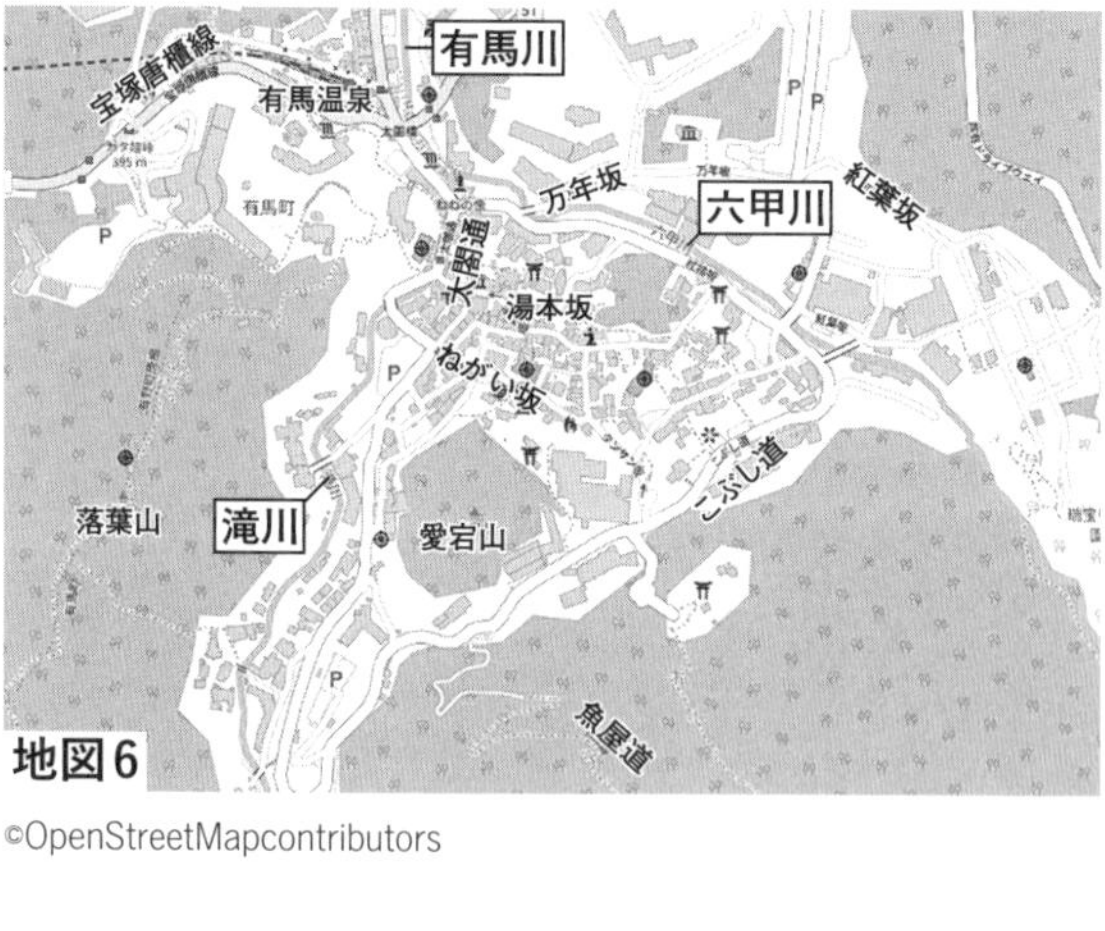

地図6

©OpenStreetMapcontributors

写真23

コラム 笑ふ現金

ＪＲ神戸駅西側のガード下に、カウンターだけで5人ぐらいしか入れないスタンドやスナックが立ち並ぶ一角がありました。終戦後に屋台やバラックが集まり、歓楽街として栄えましたが、客にお金を余分に請求したり、身ぐるみ剥がしたりということもあったそうで、「地獄谷」と呼ばれ恐れられてもいました。

僕は２００５年頃に、この中の1軒のスナックに入りました。昭和30～40年代には造船所や港湾労働者、その後には建設現場の労働者が来ていたそうです。ママからは「お客に包丁を突きつけられてとても怖い思いをしたこともある」と伺いました。その時には、パチンコ打ちに金を貸しているという老婦人が、血統書付きの犬を膝の上に乗せてビールを飲んでいました。**写真23**は、その頃の写真です。

２０１７年に、地獄谷にごみ収集車が突っ込んだというニュースが流れました。行ってみると、すで

写真24

写真25

に空き家になっていた店舗3軒が半壊していました。中を覗いてみると、カウンター奥の壁に「貸して不仲になるよりも　いつもニコニコ笑ふ現金」と書かれた張り紙が残っていました（**写真24**）。かつてツケで飲んで勘定を払わない客がいたのか、あるいは、この並びの中にツケ飲み対応をしていたお店があり、「うちではお断り」と言っていたのかも知れません。

写真25は、2024年5月の地獄谷です。橋梁補強工事とともにスタンドは一掃されています。ここに夜の街があり、天国と地獄を去来した人たちがいたという歴史は、遠からず忘れ去られていくことでしょう。

第 6 章
開発にまつわる経済

写真1

1 開発と水利
水の分配はムラの死活問題だった

写真1は兵庫県西宮市と宝塚市の境にある仁川です。２０２４年1月のWalkin' About開催時には水が流れていませんでした。

僕の母方の実家はこの近くにあり、昔からよく知っていますが、当時から仁川は水が枯れていることが多く、水が途切れる所に行くと、残された水たまりの中に魚が一杯いて、いとも簡単に獲ることができました。

では、なぜ、仁川には水がないのか。それは、江戸時代に水量が豊富だった仁川から近隣の村々が水を引くようになったから、そして戦後に西宮市が北山貯水池をつくり、そこに仁川の水を貯めて有効活用するようになったからです。

地図1はＷＥＢサイト「川だけ地形地図」で仁川部分を取り出したものです。

仁川は六甲山頂近くに源流を持ち、六甲山脈に降った雨を集めて甲山の北側を東に流れ、仁川渓谷を抜けて武庫川に注いでいます。その水はもともと下流側にある大市庄《おいちのしょう》五ヶ村の田畑を潤していました。

1641年（寛永18年）に深刻な旱魃が起こった際に、上流側に位置する鷲林寺《じゅうりんじ》新田村・広田村・越水村・中村・社家郷《しゃけごう》村の村民たちは、社家郷山に降る雨は自分たちの村のものだとして、湯ノ口（現・甲山高校付近）から鷲林寺新田方面に流れる用水路を作ろうとしました。これに対して下流側の大市庄の村民たちは工事を妨害し、一触即発の事態となりました。その時に廣田神社の神官・中村紋左衛門は一計を案じ、天狗の面をつけて待ち構え、夜に用水路を壊しにやってきた者たちを驚かせて仲裁し、流血の惨事を防ぎました。その後工事は無事に進み、用水路は1643年（嘉永20年）に完成しました。この功績をたたえて、広田・越水・中村の村民達が建てた「兜麓底績碑《とろくていせきひ》」が、現在も廣田神社に残されています（**写真2**）。

地図1
（出典：川だけ地形地図（平26情使 第964号）
https://www.gridscapes.net/AllRiversAllLakesTopography/ 加工：山納 洋（地名一部拡大））

写真2

写真3

写真4

当時、低木の生えた草地や荒れ地であった上ケ原台地は大市庄の採草地として利用されていましたが、1652年（承応元年）頃に大坂西成郡佃村の孫右衛門・九左衛門らによる開発がなされ、水田の広がる農村へと生まれ変わりました。これが上ケ原新田です。この新田を潤す用水路は、仁川渓谷の上流側にある大井滝から取水して作られています。

この開発のために、大市庄では水が不足するようになりました。当時の尼崎藩主・青山幸利《あおやまよしとし》は、藩費で社家郷村のためにため池を掘り、その代わりに仁川からの引水量を減らし、下流側の水量を確保しました。この時に作られたのが目神山大池（甲陽大池）と岩ケ谷大池（新池）です。

大市庄と上ケ原新田の間では、水の分配をめぐる争いがその後も繰り返されました。1856年（安政3年）には解決のために新たに五ヶ池が掘られました。さらに上ケ原用水路には分水樋が設置され、各村の普請での功績に従って用水を堰き止めている石の切り込みの長さを変え、上ケ原・大市庄、門戸、神呪《かんのう》の各集落に定められた分配率で水が配水されるようになっています（**写真3**）。

このような、近世の水問題の解決のためルールづくりは、コモンズの形成ととらえることができます。上流側が自分たちの村のため

写真5

に水を取りすぎると、下流側が水不足で窮地に陥る、こうした「共有地の悲劇」的な状況を回避する知恵を育んできたというのが興味深いところです。

時代は下り、1968年（昭和43年）、西宮市は上水道水源地として甲山南麓に北山貯水池を作り（**写真4**）、湯ノ口から取水した仁川の水を集めています。ただし、西宮市はその後神戸市、芦屋市、西宮市、尼崎市の4市で設立した阪神水道企業団から琵琶湖・淀川水系の水の供給を受けるようになり、今では北山貯水池はサブ的にしか使われていないそうですが。

2 工業用地となった新田開発地

造船所からクリエイターの拠点へ

写真5は大阪市住之江区にある加賀屋新田会所跡です。かつての新田経営の拠点となった建物で、数寄屋風の建物や築山林泉回遊式庭園が現存し、大阪市の有形文化財・史跡に指定されています。

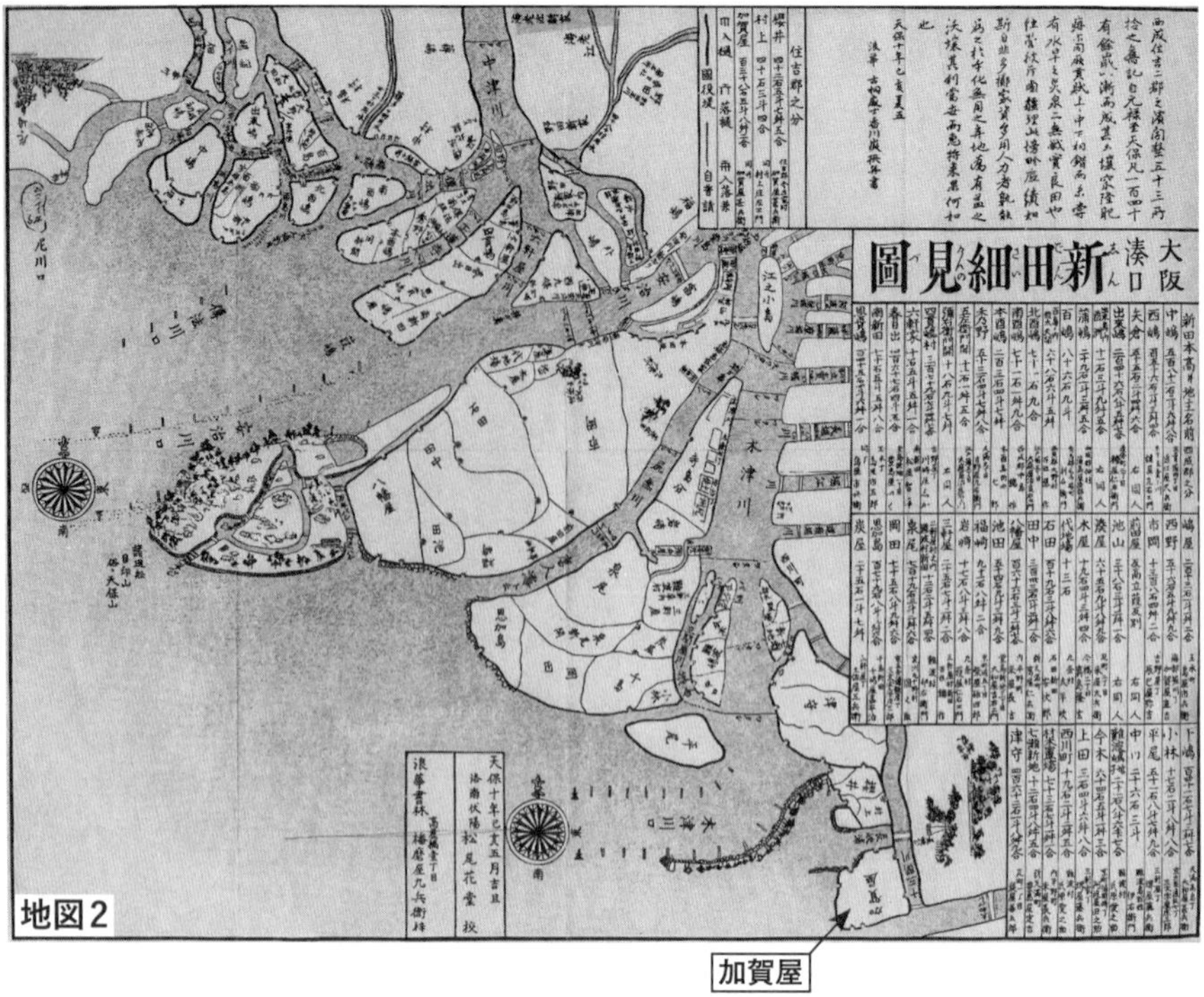

大阪淡路町の両替商であった加賀屋甚兵衛は、1745年（延享2年）、大和川の付け替えによって河口部に形成された干潟の干拓を始めました。甚兵衛とその子孫は周辺地区の新田開発を進め、天保末年には大和川から北へ木津川河岸に及ぶ104ha余りを開墾しました。これが加賀屋新田です。

江戸時代前半期から、幕府による経済政策の一環として全国的に新田開発が進められました。大阪では町人による請負新田という形で、旧大和川流域と大阪湾沿岸の河口周辺の2カ所で開発が行われました。

地図2は1839年（天保10年）に刊行された「大阪湊口新田細見図」。島のように描かれている土地はすべて、大阪湾を埋め立てて造られています。一番下に「加賀屋」の名前が見えます。

これらの新田開発地は、明治になると港湾が整備され、工業用地として貸し出されるようになりました。

大坂で唐小物商を営んでいた芝川又右衛門は、

写真6

写真7

１８７８年（明治11年）以降に千歳新田、加賀屋新田、千島新田の一部を購入し土地経営を始めています。１９１１年（明治44年）、加賀屋新田の地に名村造船所と佐野安《さのやす》造船所が創業し、翌年には芝川家により千島土地株式会社が設立されました。さらに大正に入ると、藤永《ふじなが》田《た》造船所が工場を開設しました。甚兵衛一族のかつての農業用新田は、造船を柱とした工業用地へと１８０度転換したのです。

１９１４年（大正3年）に第一次世界大戦が勃発すると、世界的な船腹不足が発生し、国内外の海運業界から注文が殺到するようになりました。海運・造船ブームともいわれたこの頃、木津川沿いには多くの造船所が誕生しています。

以後数十年の間、木津川筋の造船所は発展を続けました。川筋三社と呼ばれた佐野安・名村・藤永田造船所には最盛期には2万人が働いていました。多くの労働力を必要とする造船業では下請工への依存度が高く、彼らの中では「鬼の佐野安・地獄の名村・情け知らずの藤永田」という言い回しもあったそうです。

ですが、その後進んだ船舶の大型化は、木津川筋の造船業を衰退させる要因ともなりました。川幅２００メートルほどの河口部では4万トン級の船を進水させるのが限界で、さらに大きな船が主流となった段階で、界隈の造船所は新船製造の役割を終えました。名村

写真8

写真9

造船所は主要工場を佐賀県伊万里市に移し、1979年（昭和54年）には大阪工場を撤収、跡地は千島土地に返還されました。藤永田造船所は1967年（昭和42年）に三井造船に吸収合併され、現在は三井造船マシナリー・サービス（株）がディーゼルエンジンや産業機械を作っています。佐野安造船所（現・新来島サノヤス造船）は主要工場を岡山県の水島製造所へ移し、大阪は修繕工場として残しています。

休眠状態となっていたこの地が再び注目されるきっかけとなったのが、2004年（平成16年）に名村造船所跡地で開催された『ナムラ アート ミーティング'04－'34』でした。このプロジェクトを契機に、千島土地はここを「クリエイティブセンター大阪」として、ライブハウス、劇場、アートスペースを備えたクリエイティブの実験場として再生させました（**写真6**、**7**）。

さらに千島土地は「北加賀屋クリエイティブビレッジ構想」を掲げ、北加賀屋一帯を文化芸術が集積する創造拠点として再生させる取り組みを進めています。借地返還の際に引き取った建物をアート関係者に提供し、様々なジャンルのアーティストやものづくりに関わるクリエイターなど、創造的な活動を行う人々が北加賀屋に集う取り組みを進めています。**写真8**は文化住宅を改修してできたク

写真10

リエイターと地域の人たちの交流スペース「千鳥文化」、**写真9**は文化住宅を店舗と住居の複合施設にリノベートした「NAGAYart」です。

このように、新田開発地である北加賀屋は、明治以降には重厚長大型産業の中心地となり、現在はアーティストやクリエイターが集う創造産業の拠点として生まれ変わっているのです。

3 住宅地の開発
住宅を建てて売る仕事が生まれた

写真10は京阪守口駅近くにある四国銀行守口支店です。守口市は大阪市の北東にある人口15万人弱の衛星都市ですが、なぜここに四国銀行があるのでしょう?

1995年に守口青年会議所が発行した『守口よもやま辞典』に、その答えが載っていました。いわく、銀行に対して「設置の要請が地域からあったから」なのだと。

写真11

写真12

> 四国と阪神経済圏とは昔から人的交流が盛んで、特に高知、徳島両県人は従来海路を利用し、上陸後大阪に定着する者が多く、中でも守口市を含む北河内地方にはこの傾向が強く、住宅関連事業等に従事し、活躍されております。
>
> 守口市における四国出身者は当時、総人口の19％を占めていました。

そういう視点を携えて守口を巡ると、四国的なるものが目に飛び込んできます。

写真11は八雲西町で見かけた「四国屋」という名前のクリーニング店です（現在は廃業）。他に「サヌキヤ」という名前のクリーニング店にも出会いました。

京阪守口駅北側には、住宅の分譲・リフォーム・賃貸などを手がける「敷島住宅」があります（**写真12**）。創業者は高知県の東洋町という、徳島県との県境に近い太平洋岸にある小さな町の出身です。２０１７年の高知新聞では以下のように紹介されていました。

> 高知県安芸郡東洋町は京阪神との往来が活発で、大阪府守口市には１９６０年前後、多くの町民が移り住み、高度経済成長期の

住宅ブームを支えた。60年前後は戦後復興からの住宅ブームで、全国的に地方から都会への人口移動が起きた。同町は汽船で結ばれていたこともあり、大阪へ大勢が移住。守口市をはじめ門真市、寝屋川市など北部を中心に住み着いた。東洋町出身者の多くは宅建業者として住宅ブームを担うことになる。その先駆けの一人が、野根出身の川島岩太郎さん。62年に住宅の建て売りなどを手掛ける「敷島住宅」を立ち上げた。現在も守口に本社を構える。

当時の守口・門真は一面レンコン畑だったが、見る見る家に変わっていった。当時、2千人以上が東洋町から守口市周辺に移ったとみられる。宅建、設計、左官、司法書士など多様な分野で活躍し、「東洋町出身者で家が1軒建つ」と言われたという。（高知新聞　2017年7月30日）

四国銀行守口支店の西側には「東洋生興」という不動産会社があります。同社の創業は1967年（昭和42年）、代表はやはり東洋町の出身で、〃東洋で生まれ、業を興す〃との思いを社名に表現されています。

かつての守口・門真は一面は確かにレンコン畑でしたが、この地域にレンコンの栽培が広まったのは大正時代以降です。それまでは市街地のほとんどは田んぼでした。このあたりは淀川の後背地にあたり、低地で水はけが悪く、水腐れを起こしてしまうなど米作りは大変だったようです。江戸時代には、村の庄屋たちは排水樋の設置を幕府に何度も願い出ましたが、聞き入れられることはありませんでした。

そこで南寺方村の庄屋・喜左衛門は1634年（寛永11年）に樋を築いて水害を一掃しますが、幕府を無視したとして、翌年に処刑。大久保庄の庄屋・小泉弥治衛門も1648年（慶安元年）に幕府の許可なく排水樋を作りましたが、翌年に弥治右衛門一家4名が処刑されています。天領であった当時の守口は、尼崎藩の青山幸利のような名君に恵まれず、かつ村や村人のために我が身を捨てる庄屋が出てくる土地柄だったのでしょう。

写真13
東洋町の伝統料理「こけら寿司」（画像提供：野根キッチン）

第二次大戦後にＧＨＱによる農地改革が全国的に行われた時に、守口では農地の約4分の1が地主から小作人の手に渡っています。このことは、それだけの農地が〝先祖代々受け継がれた〟土地ではなくなったことを意味しています。

守口でレンコンの栽培が始まったのは明治時代ですが、品質や収穫量が安定し、広まるのは大正以降のことです。そして農地改革の結果、１９５０年（昭和25年）からの5年間で守口市のレンコン畑の面積は倍増しています。米に代えてレンコンを植えるようになったのは、その方が「儲けが見込めたから」なのでしょう。そして昭和30年代に、レンコン畑は一気に宅地化されます。

守口市・門真市には松下電機や三洋電機の本社と工場があり、下請けの電機器具製造業も集積していました。そこで働く人たちの住宅が求められたのですが、この地域ではニュータウンが建設されるよりも早く、民間事業者が文化住宅と呼ばれる木造アパートの建設と経営に乗り出しました。その担い手の多くが東洋町出身者でした。その中から、後に建売住宅を建てたり、マンションの建設・分譲へと展開していった方もおられたのです。

守口市は東洋町と友好都市提携を結んでおり、子ども交流会などの交流事業が行われています。毎年11月に開催される守口市民まつ

写真14

写真15

りでは、「こけら寿司」という東洋町の伝統料理が販売されています。

　こけら寿司は、柚子酢、鯖を合わせて作った酢飯の上に、人参、錦糸卵、椎茸、人参の葉などをカラフルに彩った押し寿司で、祝い事には必ず出されるご馳走だったそうです（**写真13**）。

　東洋町野根には「野根キッチン」という、こけら寿司を継承し、朝市で販売している主婦の方々のグループがあります。僕がお話を伺ったのは、野根で生まれ、お父様が守口で建売の仕事を始めたことから3歳の時に家族とともに上阪され、守口で長く暮らしたという方でした。守口市民まつりでこけら寿司を販売しているのは、野根出身の方々が楽しみに待っておられるからなのだと。

4 工場跡地の開発

いつ、どこに土地が空いたかで、建つものは変わる

写真14は大阪市都島区友渕町にある「ベルパークシ

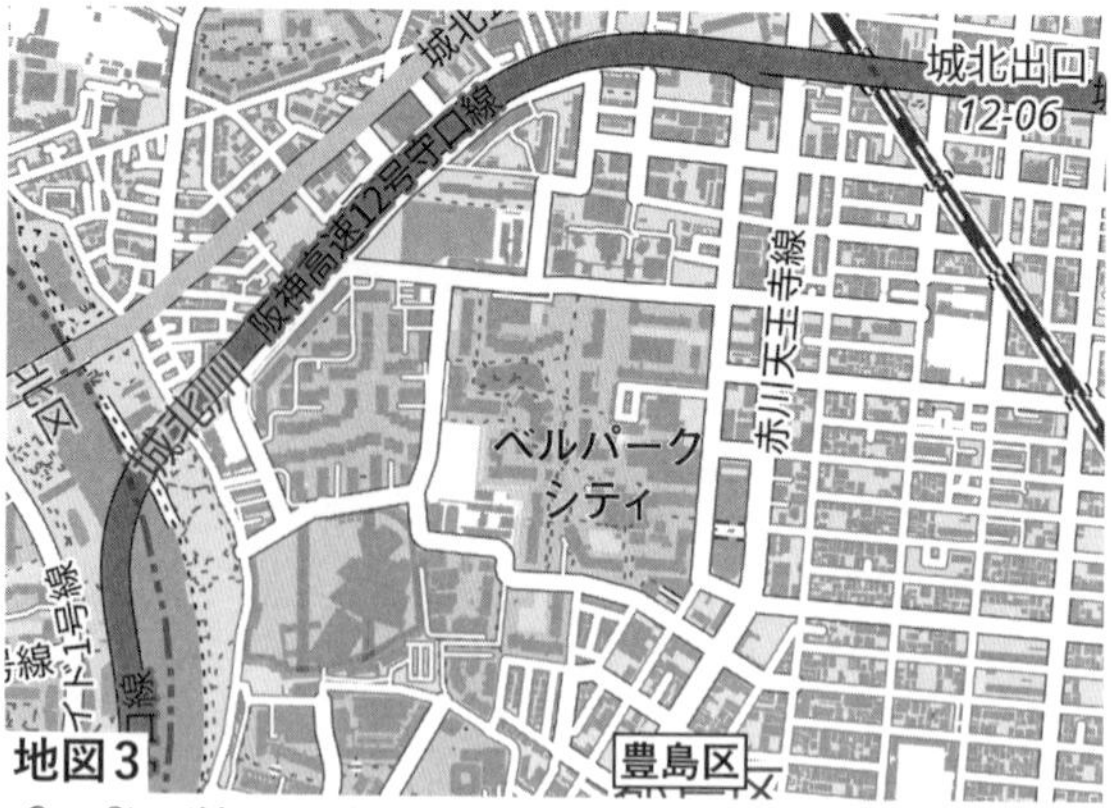

地図3
©OpenStreetMapcontributors

ティ」。高層住宅の麓には「Kanebo」のロゴが彫られた石碑があり（**写真15**）、こんな文章が添えられています。

当地は1918年（大正7年）鐘紡淀川工場として建物延面積約17万平方米（約5万坪）という東洋最大の綿糸布の漂白・染色・捺染加工の一貫生産を開始。その卓越した技術と品質は今日もカネボウブランドとして世界各国で信頼されている。

1982年（昭和57年）時代の趨勢に協力し設備を滋賀県の鐘紡長浜工場に移設し、跡地のうち約17万平方米を「ベルパークシティ」と呼称する高層住宅を中心とした総合都市開発に提供し大阪市が提唱する人口300万人の施策に寄与するものとする。

つまり、ベルパークシティは鐘紡の工場が移転した跡地に建っているのです（**地図3**）。

大阪市は1970年以降、郊外への人口流出に悩まされており、市内の定住人口を少しでも確保したいという切迫した事情を抱えていました。その要請に応えて、カネボウは長浜に工場を移転させていたのです。

ベルパークシティには1995年までに高層棟2棟を含む15棟の

写真16

マンションが建てられ、2005年にはベルパークを含む都島区友渕町1丁目の人口は約1万8千人でした。マンションに隣接してショッピングセンターも開発されていますが、基本的には多くの住宅を建てるための開発と見えます。

写真16は地下鉄谷町線・大阪モノレールの大日駅前の風景です。

ここにはもともと三洋電機の工場があり、主に白物家電を生産していましたが、2001年に閉鎖。その機能を群馬県大泉町に移しています。跡地約10・7haには、イオンモールと映画館、3棟のタワーマンションが開発されています。

イオンモール大日が開発された時期は、2000年の大店法廃止・大店立地法制定と、2006年のまちづくり3法改正との間にあたります。この時期に大規模ショッピングモールが全国各地で開発されましたが、結果として中心市街地の衰退が進んだことから、後者により郊外への大型商業施設の出店が原則禁止となっています。

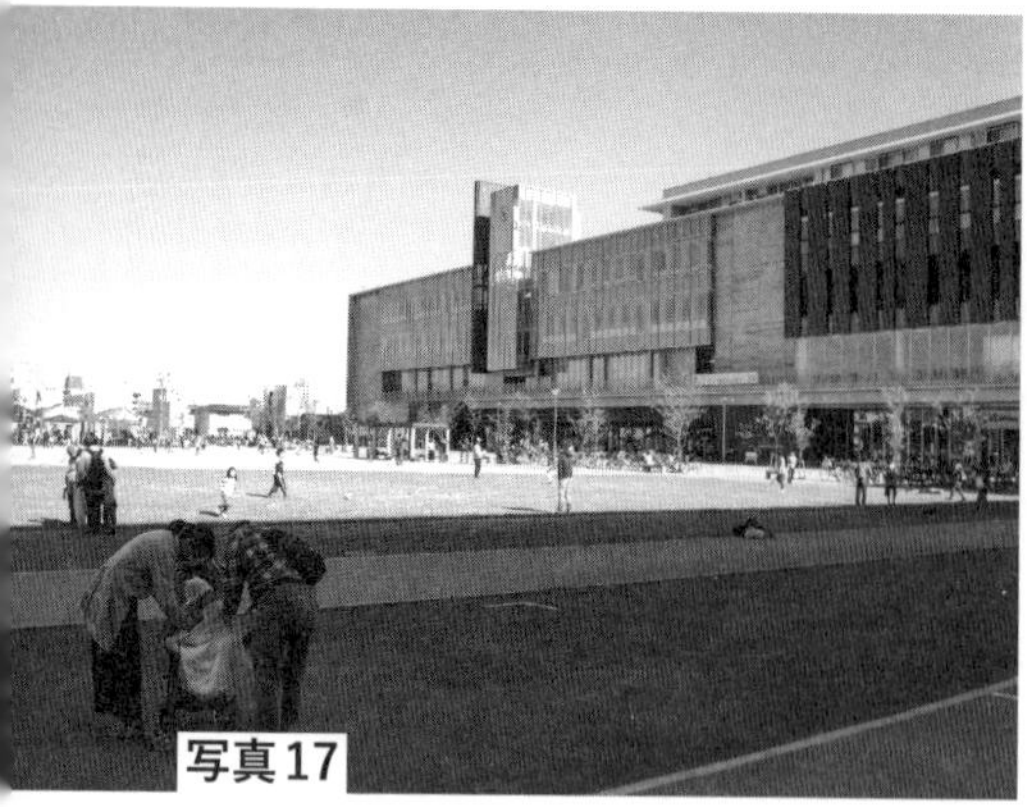
写真17

地図4
©OpenStreetMapcontributors

地図4を見てみると、ベルパークと比べて映画館を含む商業施設が広く取られていることが分かります。この時期には、大型複合商業施設を備えた、生活利便性の高い住宅地が求められたのです。

写真17はＪＲ茨木駅南にある立命館大学大阪いばらきキャンパスです。ここにはもともとサッポロビール茨木工場がありましたが、２００８年に閉鎖、２０１５年に立命館キャンパスとして開校しています。敷地面積は約10ha、現在6学部と大学院の7つの研究科があり、約1万人の学生が在籍しています。

近畿圏では、１９６４年（昭和39年）に*工場等制限法が制定され、人口・産業の過度の集中を防ぐため、既成都市区域内では一定面積以上の工場、大学の新設・増設などが制限されました。同法の成立後、多くの大学では新キャンパスを郊外に設置しています。立命館大学では京都市上京区にあった広小路キャンパスを１９８１年（昭和56年）に京都市北区の「衣笠キャンパス」に全面移転し、１９９４年（平成6年）に滋賀県草津市に「びわこ・くさつキャンパス」（ＢＫＣ）を設置しています。同法が２００２年に廃止となって以降は、利便性の高い地に大学を移転させる動きが活発化しています。ＪＲ茨木駅から徒歩5分という好立地を得たことで、立命館は衣笠、びわこ・くさつの両キャンパスからここに重心を移しつつ

写真18

あります。

大規模な施設は、広大な土地がないと建てられません。そして広大な土地がいつ、どこに空いたかによって、そこに何が開発されるかは変わります。このことはシンプルながら重要です。工場が移転するタイミングが違っていれば、都島区に大型商業施設や大学が建っていたかも知れませんね。

5 インナーベイと埋立地
役割を終えた港、新たに生まれた土地

写真18は神戸メリケンパーク。ＪＲ神戸線元町駅から南に徒歩10分の場所にあります。奥には黒い建物のスターバックスが、右側にはポートタワーが見えます。手前の芝生広場は、週末にはカップルや家族連れなど多くの来園者で賑わっています。

メリケンパークは、メリケン波止場と中突堤という2つの埠頭の間を埋め立ててできています（**地図5**）。

（＊）近畿圏の既成都市区域における工場等の制限に関する法律

地図5
（出典：国土地理院地図　1/25000「神戸首部」昭和52年二改・昭和54.9.30発行）

写真19

写真20

メリケン波止場の築造は１８６８年（慶応4年）のことです。日米修好通商条約において横浜・函館・新潟・長崎とともに神戸の開港が決まり、兵庫港第三波止場として建設されています。その後船舶の大型化により埠頭としての役割を終えたことから、メリケン波止場と中突堤の間は埋め立てられ、１９８７年（昭和62年）にメリケンパークとして開園しています。波止場は公園内に残されましたが、１９９５年（平成7年）の阪神・淡路大震災で崩壊。現在は被災したままの姿で保存されています（**写真19**）。

写真20は新港第一突堤です（２０２４年5月撮影）。右側には「神戸みなと温泉 蓮」が見えます（**写真21**）。温泉とともにコンベンションホール、ウェディング設備を備えた民間施設です。オープンは２０１５年。中央より少し左側には２０２１年にオープンした神戸ポートミュージアムが見えます。同ミュージアムの2階から4階には「atoa アトア」と名付けられた劇場型水族館が設けられています（**写真22**）。さらにその東側の新港

写真21

写真22

第二突堤では新アリーナの建設が現在進められていました。

このように、神戸では役割を終えた港湾施設を観光集客拠点として再生させるプロジェクトが進行しています。

では、現在稼働中の港には、どんな風景があるのでしょうか？ポートアイランドにあるポートライナー・市民広場駅の北東側には「神戸ファッションタウン」があります（**写真23**、**地図6**）。博覧会「ポートピア'81」開催後にできたまちです。アパレル企業、真珠メーカー、洋菓子会社、珈琲会社などのオフィスビル・工場・店舗が建ち並んでいます。

神戸港内にポートアイランドを造る構想が浮上したのは1963年（昭和38年）のことです。港内での貨物取扱量が急激に伸び、世界的に進んでいたコンテナ化の流れに対応できる、喫水の深い大型埠頭が必要となったことから、1967年（昭和42年）に六甲山地の土砂を運んでの埋め立てが始まりました。

大型埠頭は人工島の東側に整備され、内陸部は商業・産業・住宅などの用地として計画されました。土砂を掘削した山側の跡地もニュータウンとして開発されています。この一体開発は当時「山、海へ行く」と呼ばれました。

神戸市は港湾整備にかかった費用を賄うため、埋立て完工後に

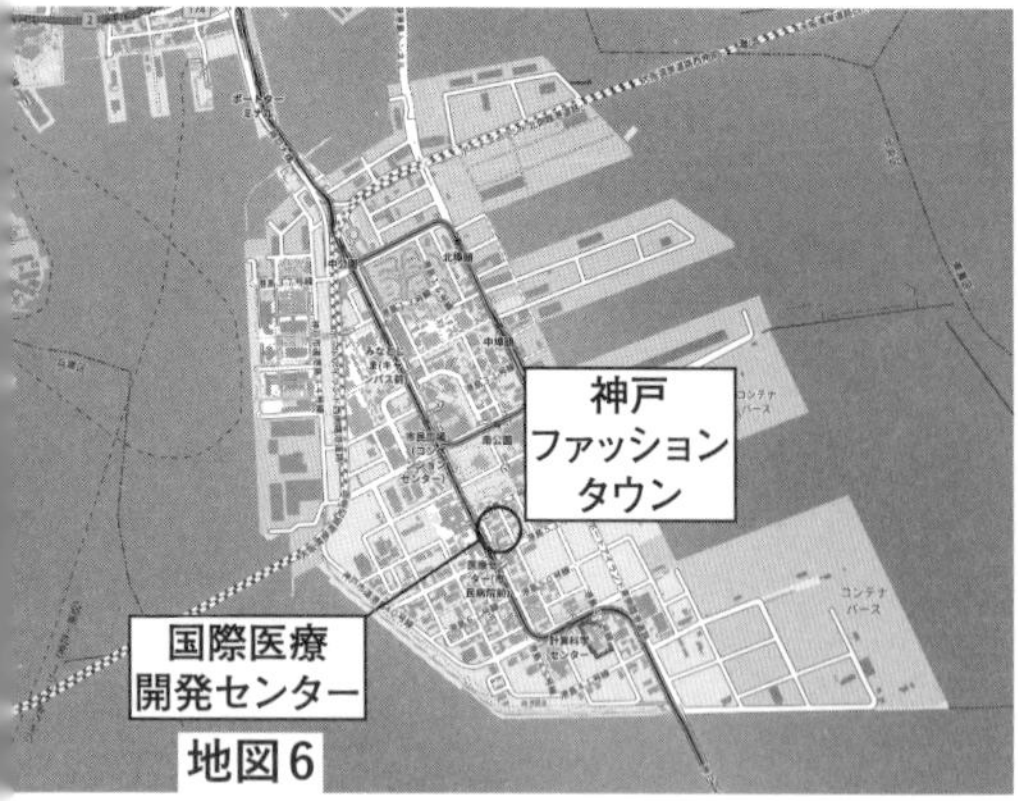

地図6

写真23

「ポートピア'81」を開催。終了後には跡地を「ファッションタウン」として分譲しました。

新たな港湾建設のために海を埋め立てると、内陸部に新たな土地が生まれ、土取り場も開発用地となる。このように、埋立てによる港湾整備は土地開発や産業誘致とセットとして展開することができるのです。

神戸市では明治の開港以降、洋服・アパレル、靴、ケミカルシューズ、真珠加工、清酒、コーヒー、洋菓子、洋家具など、洋風文化の影響で多くの産業が生まれました。神戸市はこれらの分野を「ファッション産業」と定義し、ファッションタウンへの誘致を行いました。１９８８年（昭和63年）には41社が集積しています。

１９８７年（昭和62年）には、南側に第２期の埋立てが始まりました。外周部にはさらに大型のコンテナ船が着岸できる港湾設備が整備され、内陸部は新産業の集積地や貿易拠点として計画されていましたが、１９９５年（平成７年）に起きた阪神・淡路大震災により計画は大きく変更されました。

写真24はポートアイランド２期開発エリアにある「神戸医療産業都市」の風景です。手前の円筒形の建物は国際医療開発センター（ＩＭＤＡ）、奥の建物は神戸大学医学部附属国際がん医療・研究セ

写真24

ンターです。

震災からの復興を目指し、神戸市は１９９８年（平成10年）に「神戸医療産業都市構想」を立ち上げ、２期エリアに先端医療技術の研究機関・病院・医療関連企業などの集積を図りました。そして中央市民病院・県立こども病院の移転、次世代スーパーコンピューターをはじめ、企業・研究所の誘致を進めました。その後神戸空港の開港、ポーアイ西地区の大学の集積なども功を奏する形で土地の分譲も進み、２０２４年12月末時点で３５９の企業・団体が拠点を構え、医療産業クラスターが形成されています。

新たな港湾建設のために埋め立てられた土地の上に、どんなまちを作るか、どんな産業を集積させるか、それは開発コストを回収できるビジネスモデルとなり得るか。そうした実験は神戸港でも、大阪港でも進められています。どういう打ち手が有効であったか、我々の社会の未来につながる開発になったかを、長期的な視点でみておくことは大事です。

写真25

6 公有地の再開発と民営化

河川・公園・学校跡の開発が進んでいる

写真25は大阪市大正区にある複合商業施設「タグボート大正」です。オープンは2020年1月。尻無川の堤防の内側にフードホールをはじめとする飲食店、オフィス、水上ホテル、船着場などを備えています。つまり、河川敷地内に商業施設を設けているのです。

タグボート大正の設置主体は大阪市大正区です。2015年に社会実験事業を行い、その成果をもとに河川管理者である大阪府の認可を得て、河川敷での飲食・物販・クルーズ等の収益事業を可能としたうえで、2016年に公募型プロポーザルを実施し、運営事業者を選定しています。そして「大正リバービレッジプロジェクト」を民間都市再生整備事業計画に申請し、2019年に国土交通省の認定を受けています。つまり、国・大阪府・大阪市大正区と民間企業が連携して、本来は不可能であった河川

写真26

敷地内での商業施設の設置を実現しているのです。

背景には2004年の河川法改正がありました。河川敷地占用許可準則の特例措置によって、行政が指定した場所での飲食営業が可能になりました。2011年にはそれが一般化されています。つまり、規制緩和により、河川敷地が新たな資源として見直されているのです。

写真26は神戸市役所南側の「東遊園地」です。青々とした芝生広場の奥に平屋建ての建物が見えます。

東遊園地ができたのは1875年（明治8年）。隣接する居留地の外国人用の運動公園として設置され、サッカーや野球、ラグビーなど、多く西洋のスポーツが日本に広まる起点となりました。阪神・淡路大震災以降は、ルミナリエや阪神・淡路大震災の追悼行事の会場ともなっています。

東遊園地では2015年に、市民が日常的に楽しめる場所を作る社会実験が始まりました。園内の広場に天然芝を養生し、市民に本を寄贈してもらう「アウトドアライブラリー」と仮設カフェを設置。ファーマーズマーケットなどのイベントが定着する基盤となりました。実験は5年間続き、2019年には神戸市がPark–PFI（公募設置管理制度）として、公園の運営事業者を公募。実験を続けてきた事業者を中心とした企業グループが選定されています。リニューア

写真27

ル工事では広い芝生広場と、カフェダイニングやレンタルスペース、屋外図書館を備えた施設「URBAN PICNIC」が設けられ、２０２３年４月にオープンしています。

Park–PFIとは、都市公園において飲食店、売店などの収益施設の設置・管理を行う民間事業者を公募により選定する制度で、２０１７年の都市公園法改正時に創設されています。事業者が施設から得られる収益を公園の整備・管理に還元することを条件に、期間の延長や建蔽率の上乗せなどの特例措置が適用されます。法改正後、Park–PFIによる公園活性化の取り組みは各地で進み、２０２３年度末時点で全国１６５カ所で活用され、１３６カ所で検討されています。

写真27は京都市中京区・木屋町通沿いにある「立誠ガーデン　ヒューリック京都」です。１９２７年（昭和２年）に建てられた立誠小学校の鉄筋コンクリート造校舎を改修し、ホテルに商業施設・図書館・芝生広場・多目的ホールなどを併設しています。

立誠小学校の前身は１８６９年（明治2年）に開校した下京第六番組小学校です。「番組」とは江戸時代の町人自治組織「町組」を明治維新後に再編したものです。京都では明治政府による学制発布（１８７２年）に先立ち、１８６９年に京都の全番組で64の学校が開校しています。

前年の１８６８年には、首都機能が京都から東京に移っています。このままでは京都のまちが衰退していくという危機感から、京都の町人たちは、新たな時代に必要な知識・能力をもった次世代を育て、京都のまちを復興・成長させていこうとお金や土地を出し合って学校を創設、運営したのです。立誠小学校は１９９３年（平成5年）の閉校後も地元住民らによって映画や演劇の上映、現代美術の展示など文化の発信地として利用されましたが、２０１７年に地元自治会と開発事業者、京都市が跡地の活用計画に合意。旧校舎を保全・改修した校舎棟に8階建ての新設棟を加えて２０２０年にオープンしています。

地元の人たちが財産を出し合って建てたコモンズとしての学校が、１００年以上の年月を経て閉校となり、民間資本で再開発される。京都では今、こういうことがあちこちで起こっています。

公民が連携して公共サービスの提供を行うスキームをＰＰＰ（パブリック・プライベート・パートナーシップ）といいます。その具体的な手法として、公共施設の設計・建設・維持管理・運営に民間の資金とノウハウを活用し、民間主導で進めることをＰＦＩ（プライベート・ファイナンス・イニシアティブ）といいます。その掛け声のもと、近年は公共の施設や空間の活用が積極的に進められています。

官民連携の取り組みは、自治体からすると未活用資源の有効活用とコストの節減であり、民間企業からすると新たな経済活動の創出であり、地域の人たちからすると地域資源を維持するための現実的選択肢といえます。

ただこうした取り組みが、地域の人たちが持っている「自分たちの地域を自分たちで守る」という自治意識を置き去りにして進むことのないよう、注意が必要です。

コラム　工場に隣接していた弁当屋

茨木市にある追手門学院大学総持寺キャンパスの南側に、お弁当・パン・たばこを商う売店があります（**写真28**）。店主のおばあさんは、ここで36年間商売をされています。前の人から継いで始めているので、お店自体はさらに前からあったそうです。そこでこんなお話を聞きました。

大学の場所は以前は東芝の冷蔵庫工場で、西側は物流倉庫。店は昔はよく流行った。たばこは一日に3桁売れた。特に物流倉庫では夏場の暑い頃にはクーラーがひっきりなしに出荷され、それを運ぶトラックの運転手がお弁当やお菓子、たばこを買ってくれてた。トラックは夜走るので稼ぎも良かったのか、洋物の高いたばこを2個、3個と買ってくれてたわ。

いま消防署や防災公園になっている所は、以前は東芝のグラウンドと体育館で、夕方からバレーボールの女の子たちが練習してた。練習前にお腹がへるので、蒸しパン50個注文してくれたことも。当時は朝7時から夜10時まで店を開けていて、一日2、3時間しか寝てなかったわね。当時のことを思うと、夢を見ていたんじゃないかと思うわ。

工場が閉鎖されたのは2008年。働いていた人たちも、発表される当日まで知らなかったみたい。

工場閉鎖後は工事の人たちがお弁当を買いに来てくれていたけど、5、6年前現場にお弁当屋が注文を取りに来るようになり、ピタッと来なくなった。その後2019年に追手門の大学と中高が始まり、2021年に向かいにイオンタウンができたわ。でもコロナの間は商売は厳しかった。今では中高生や大学生がいっぱい店の前を通るようになったけど、うちは縮小してたばこだけにしたのよ。

写真28

東芝工場跡地には東芝自身がスマートコミュニティを建設する計画がありましたが、２０１５年に明るみに出た粉飾決算事件、子会社の原子炉装置メーカーの巨額減損処理などにより経営が大幅に悪化し、各事業部門を売却するに至りました。跡地の開発は粛々と進み、２０１９年には追手門学院の大学・高校・中学が移転開校し、現在はイオンとマンションが建設されています。国道１７１号線を渡って南には、２０１８年にＪＲ東海道本線の総持寺駅が開業しています。

　東芝工場の痕跡は、太田東芝町という町名と太田東芝公園の名称に残されていますが、店主の記憶にも断片的に残されていると、幸いにも知ることができました。

第 7 章
コモンズ—わたしたちの経済圏

写真1

1 地域に寄付する人たち

篤志家が出身地を支えた

写真1は兵庫県豊岡市竹野町で見かけた、地域出身の実業家・富田保治の銅像です。

富田翁は京都で土地開発、建売、土地売買などを営む企業を興し、実業家として成功を収めた方です。彼は大成した後に、地元・竹野町で保育園の建築や増改築、小・中学校のプール建築、水道施設の建築、集落の集会所の建築、消防ポンプ自動車の購入など、約2億7千万円の寄付をしておられます。

銅像のそばに、庭石が並べられた一角があります。石碑には以下の文章が書かれています（**写真2**）。

竹野町河内（富田翁出身地）部落に通称向谷というところがあり、その谷筋に大畑、三谷、よのなる、大奥、桐ヶ谷、一ノ滝と称する地名がある。翁の青年時代は養蚕、和牛の飼育と水稲栽培

写真2

が盛んであった。翁の生家垣田家は農家であり、春繭１００貫*を生産し、一日５００貫の採桑、和牛飼育の草刈等翁は黎明の朝露を踏みつつ夕は日が沈む頃20貫を下らない荷物を天秤棒でかつぎ道なき谷間を飛石頼りに搬出した。このためにはこの大きな岩を伝わなければならず村人も同様困難を極めていたが、昨年翁の御寄附により林道が開設され、13・5ｔもある巨大な岩を採石搬出することができ庭石としたものである。

富田翁の多額の寄付は、みずからがこの地で苦労を重ねてきた当事者であるからこそ、村の人々を救いたいという強いスピリッツに支えられているようです。

写真3は滋賀県犬上郡豊郷町にある豊郷小学校の2代目校舎です。１９３７年（昭和12年）建設の鉄筋コンクリート造りの校舎はウィリアム・メレル・ヴォーリズの手によるもので、当時は「白亜の殿堂」や「東洋一の小学校」との異名を取っていました。

写真の右側には、古川鉄治郎の像が写っています。彼は当時「丸紅」の専務取締役で、小学校建替えにあたり、私財の3分の2に当たる60万円を寄付しています。

古川鉄治郎は商家の次男として豊郷村に生まれ、大阪で繊維商を

（＊）1貫＝3・75kg

写真4

写真3

興していたおじ・初代伊藤忠兵衛の書生となり、1891年（明治24年）に伊藤本店に入店。その後本店支配人、株式会社伊藤忠商店の取締役・支配人、株式会社丸紅商店専務取締役を歴任しています。

　豊郷村は近江商人発祥の地です。近江商人とは近江に本店や本家を置き、他国を行商して歩いた商人の総称で、彼らは天秤棒1本から財を築き、三都をはじめ全国各地に進出し、豪商と呼ばれるまでに発展しました。近江商人には地域に寄付をするという美風があり、1887年（明治20年）の豊郷小学校初代校舎建設時にも、豊郷から江戸に出て巨大な綿織物問屋を築いた薩摩治兵衛らの有力者の寄付によって建てられています。豊郷町はこうした先人たちを称えた「先人を偲ぶ館」を設け、彼らの足跡を紹介しています（**写真4**）。

　地域から出て実業家として成功を収めた人物が、地域の暮らしや教育の改善のために多額の寄付をする。かつてはこのような地域経済循環があったということは、記憶に留めておきたいところです。

写真5

2 金融機関

相互扶助から始まったシクミ

写真5は大阪府岸和田市・南海本線岸和田駅前の商店街に残る近畿大阪銀行の建物です。現在は使われていませんが、建物の前にある看板には、ここがかつて「交野無尽金融」の建物だったと書かれています。

無尽《むじん》とは、もともとは仲間が定期的に集まってお金を出し合い、困っている人に融通する慣習で、頼《たの》母子《もし》とも呼ばれます。江戸時代には庶民の金融手段として確立し、明治時代には事業者が営利を目的に営むようになり、加入者が一定の金品を払い込み利息を競り合う、金品・物品・土地などを抽選で受け取るなどの方式が広まりましたが、第二次大戦後にGHQがこれらを賭博的なものと見なし、当座預金の取扱いに難色を示したため、政府は1951年(昭和26年)に相互銀行法を成立させ、中小企業専門の金融機関として相互銀行を位置づけるとともに、無尽会社による金銭の給付を制限しました。このタイミングで無尽会社のほとんどは相互銀行に転換しています。交野無尽金融は1942年（昭和17年）に合併により近畿無尽に、1951年に近畿相互銀行となり、その後1989年（平成元年）に近畿銀行、さらに合併により近畿大阪銀行、関西みらい銀行と名称を変え、現在に至っています。

看板にあった「無尽」の2文字は、相互扶助のしくみから出来た金融機関が存在したという史実を教えてくれる教材のような存在です。

写真6

写真6は神戸市灘区・阪神大石駅近くにある淡路信用金庫灘支店です。さきほども同じような質問をしましたが、なぜここに淡路信用金庫があるのでしょう？

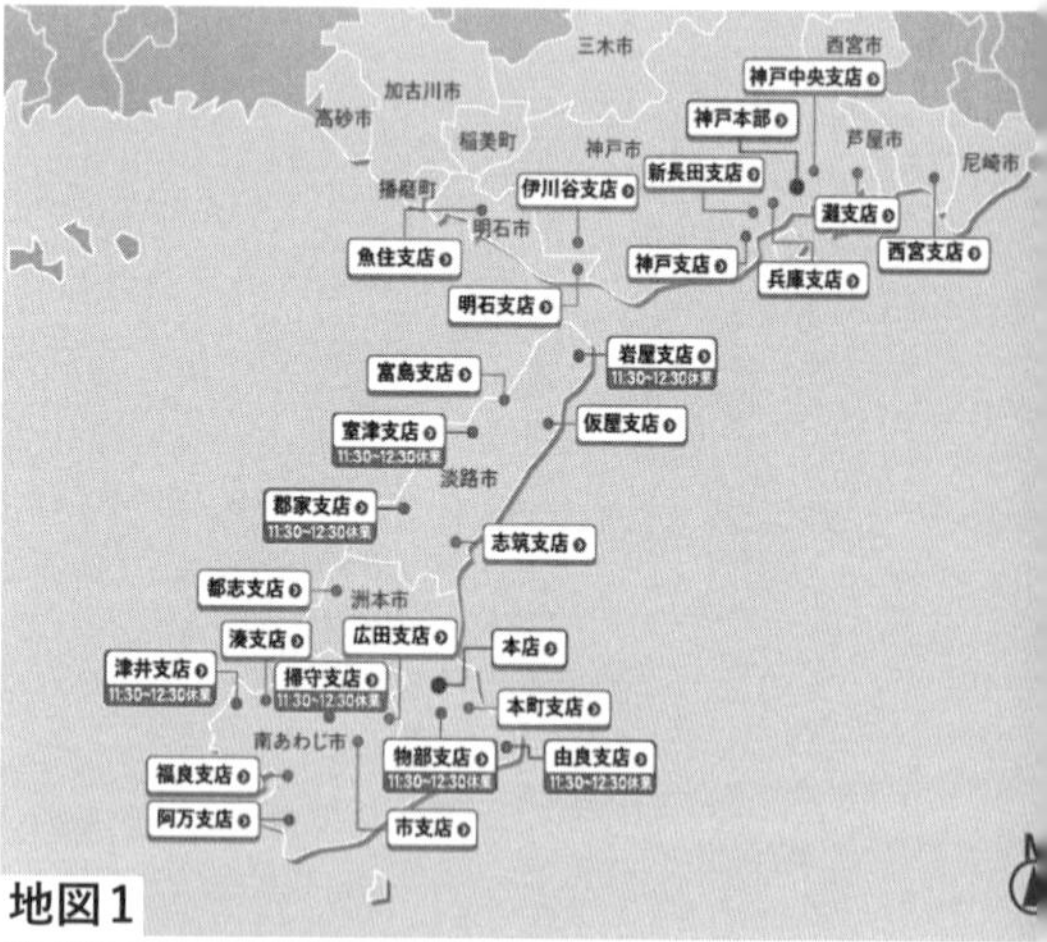

地図1

淡路信用金庫 支店マップ
（出典：淡路信用金庫WEBサイトより）

同金庫の東側には、かつて金盃酒造の工場がありました。淡路島で酒造業を営んでいた高田三郎は1890年（明治23年）に三宮に小売酒販店を開き、さらに1916年（大正5年）、灘・大石に醸造場を開設しています。おそ

写真7

らく淡路島出身者が多く働いていたのでしょう。

地図1は淡路信用金庫の支店マップです。淡路島を中心に展開していますが、神戸・西宮にも支店が存在します。

同金庫を設立した瀧川福市は、昭和初期の金融恐慌で多くの金融機関の倒産を目の当たりにし、地域に根ざした堅実な金融機関をみずから興そうと考えました。１９３５年（昭和10年）に青年経営者同志に呼びかけ、〝汗の一滴、一日一銭貯蓄〟を奨励し、2年後にできた貯蓄の中から出資を求め、さらに賛同者を加えた１２０名の出資者により、同金庫の前身となる「洲本金庫」を設立しています。

信用金庫は１９５１年(昭和26年)成立の信用金庫法により位置づけられた協同組織の金融機関です。地域で集めた資金を地元企業・住民等に還元し、地域社会の発展に寄与することを目的としており、取引先が営業地域内の中小企業・住民等に限定されています。そして淡路信用金庫は今も、地域の方々の繁栄を使命と位置づけて営業活動を続けておられます。

写真7はJR京都駅東側に残されている柳原銀行記念資料館の建物です。

柳原銀行は1899年(明治32年)、柳原町(崇仁地域)の町長であった明石民蔵ら地元の有志によって設立されました。被差別部落の住民によって設けられた日本で唯一の銀行であり、差別のために資金を得られなかった町内の皮革業者等に融資を行い、産業の育成・振興に大きく貢献するとともに、利子を地元の小学校の運営や道路建設の資金に充てるなど、地域の経済的自立のモデルを作り出していました。

大正期には山城銀行と改称し事業を拡大していきましたが、金融恐慌などの影響を受け1927年(昭和2年)に倒産。建物はその後商店や借家として使用された後、1994年(平成6年)に京都市登録有形文化財に指定され、移築、復元の後にまちづくりのシンボルとして保存されることになりました。1997年(平成9年)に柳原銀行記念資料館として開館しています。

3 財産区

共有地を引き継ぐための方法

写真8は「神戸深江生活文化史料館」。阪神深江駅南東の大日霊女《おおひるめ》神社の敷地内にあります。地域の方々から寄贈された食器・玩具・衣料・年中行事用具・農漁具・戦争資料・新聞・書籍などを展示するとともに、地域の生活文化史の研究と情報発信を続けておられます(**写真9**)。

この史料館の設置主体は「深江財産区」です。神戸市でも東灘区でもない、というのがポイントです。

財産区とは特別地方公共団体の一種で、山林・畑・ため池・温泉・墓地など、かつての村の共有財産を管理する行政組織です。多くは江戸時代からの村の入会地を管理しており、全国に4千ほどあります。神戸市には

写真8

写真9
神戸深江生活文化史料館 展示より

150余り存在し、特に東灘区には旧村ごとに財産区が存在しています。

深江村は1889年（明治22年）の市制・町村制施行時に青木村・西青木村と合併して本庄村となり、1950年（昭和25年）に神戸市に編入されましたが、その際に深江村では村有財産の一部を独自に管理・運営するために財産区を設置しています。そして神戸深江生活文化史料館は、深江村の歴史を地域で語り継ぐため、深江財産区が管理・運営しています。史料館の隣にある深江会館も同じく財産区が保有・運営しており、会議・講演会・展示会・文化活動・各種教室など、地域文化活動の拠点として活用されています。

写真10は城崎温泉

写真10

にある温泉旅館です。看板横には「外湯めぐり入浴券無料進呈」とあります。

城崎温泉には外湯めぐりができる温泉が7軒あり、浴衣姿で外湯を巡る観光客で賑わっていますが、そのうち大谿川《おおたにがわ》沿いの6軒を所有・経営しているのは「湯島財産区」です。

同財産区の設立は1895年（明治28年）。町制施行により湯島村が城崎町となったタイミングで、村有財産を独自に管理・運営するために設立しています。

当時の温泉地は療養を目的に長期で逗留する湯治場で、温泉は共同浴場であり、湯治客の多くは安宿に泊まっていました。1909年（明治42年）に鉄道が城崎温泉まで敷設されると、短期で滞在する温泉客が押し寄せるようになりました。そして温泉客を収容し、料理を提供する旅館の開発が進みました。

それまでの共同浴場や泉源は財産区所有となりましたが、一方で新たに温泉を掘り、内湯を備えて観光客の取り込みを図る旅館も現れました。そのこと

写真11

で、城崎を二分する大紛争が起こりました。いったん内湯を認めると、新たな泉源が次々に採掘され、湯量が減ったり枯渇したりする懸念があったわけです。そう、〝共有地の悲劇〟です。紛争は25年間続き、最終的には当事者たちの次の世代で解決をみています。城崎ではこの時、泉源は財産区が一括管理し、その湯を利用する場合において旅館の内湯を認めるというルールを定めています。

その後、城崎は「外湯めぐりの温泉地」として知られるようになりました。観光客がまちなかを散策することは、温泉地としての風情を生み出すとともに、商店や飲食店も経済的恩恵を受けることができるというメリットにもつながっています。

写真11は神戸市東灘区にある「一般財団法人住吉学園」です。奥に見える石碑は１９３８年（昭和13年）に起こった阪神大水害の記憶を伝えるために住吉村が建立したものです。流されてきた花崗岩を組み上げ、水害時の水位と同じ高さにしています。

同財団法人は幼稚園を運営していますが、もう一つ、「住吉村の共有財産の管理」という大きな役割を果たしています。深江村と同じく1950年(昭和25年)に神戸市に編入された住吉村は、村有財産を財産区ではなく〝財団法人に移管する〟という方法を取っています。

住吉学園の前身は、1918年（大正7年）に設立された女学校です。1944年（昭和19年）に住吉村に譲渡された際に、住吉村は名称を「住吉学園」に変更して継承し、1950年（昭和25年）に神戸市編入により住吉村が解村となった際に、ここに共有財産を移管したのです。

財産区の場合、財産を拠出する際には市長の決裁が必要となりますが、財団法人であれば理事長の決裁で済みます。そのため合併後も財産を運営し、独自の施策を実施できるのです。

このアイデアを住吉村に授けたのは、平生《ひらお》釟三郎《はちさぶろう》。教育者、実業家、政治家として活躍した方です。平生は実業家時代に住吉村に居を構え、その後医療と教育に力を注ぎ、住吉村から土地の提供を得て甲南学園、甲南病院を設立しています。その恩に報いるように、住吉村の合併に際し、財産保全のための妙案を授けました。

住吉村は村有地のうち、役場・墓地・学校などの公共施設を除く100万坪の山林宅地を財団法人に寄付しています。昭和30年代半ばに山林が宅地開発されたことで、住吉学園は潤沢な賃貸収入を得るようになり、学園ではその財源をもとに、教育事業、地域振興・文化・福祉事業などを充実させています。つまり「コモンズ」を自分たちで守り、地域の暮らしを改善していくための〝自治〟を実現させているのです。

余談ですが、コープこうべの前身の一つである「灘購買組合」は1921年（大正10年）に住吉村の実業家・那須善治が創立したと第4章で紹介しましたが、那須は当時、社会運動家・賀川豊彦とともに、平生釟三郎にも意見を求めています。社会運動に注目していた平生はその時に、「消費組合は必要。組合を成功させるのはあなたのような人だ」と答えたそうです。

〝一人は万人のために、万人は一人のために〟という言葉に象徴される協同組合の〝協同の精神〟のルーツ

写真12

は、住吉村にもつながっているようですね。

4 沖縄の共同売店

地域の人たちによる、地域のためのお店

写真12は沖縄本島・今帰仁村《なきじんそん》にある諸志《しょし》共同売店です。共同売店とは、村や集落の住民が共同で出資して運営している商店です。

僕は２０１３年にここに立ち寄っています。店内には生活雑貨や缶詰、菓子、弁当とともに、地元でとれた魚や野菜なども売られていました。店内にはテーブルがあり、近所のお年寄りがゆんたく（おしゃべり）をしていました。

諸志共同売店は大正時代に開業しています。現在の建物が建てられたのは１９５７年（昭和32年）。もともと共同組合所有でしたが、ある時期に諸志区に移管され、個人が請け負う形で経営されてきました。その後運営の担い手がいなくなり、一時は閉めていましたが、２０２０年にリニューアルオープン

写真13

写真14

しています。

　２０２３年7月に再訪した時には、リラクゼーションサロン（不定期）を併設していました（**写真13、14**）。現在は近所で暮らす人たちのために日に１００個のお弁当を販売したり、子どもたちのために駄菓子を置いたりしておられ、地域の居場所として定着してきているようです。

　沖縄本島の最北端近くに、奥という集落があります。ここにある奥共同店は１９０６年（明治39年）から続いています。沖縄で最初に生まれた共同売店です（**写真15**）。

　設立の背景にあったのは、日露戦争の戦費調達のための非常特別税と、１９０４年（明治37年）の大旱魃でした。奥集落では山原《やんばる》の森の木を伐り出して出荷していましたが、その輸送を担っていたのは那覇の商人が航行する山原船でした。奥の人たちは生活に必要な日用品を彼らから購入していましたが、購入代金が支払えなくなると林産物を差し押さえられてしまいました。

　奥集落では住民の生活基盤の安定を図るため、商人が所有していた山原船を購入して共有船とし、木材を那覇に出荷するとともに、生活物資を調達し、住民に廉価で販売するようになりました。さらに奥共同店は製茶・精米・酒造などの事業にも着手し、さらには金融業に手を広げるまでになりました。

つまり、奥共同店とは地域の経済を守るために集落の人々が出資・経営する協同組合のようなものだったのです。共同売店システムはその後他の集落にも広がり、ピークの１９７０年代には沖縄県内の２００近い地域に共同売店が存在しました。近年はスーパーやコンビニの出店が急速に進み、住民の高齢化もあいまってその数は減少。２０２３年8月現在で74店が運営を続けています（「共同売店ファンクラブ」サイトより）。

奥共同店では今も、2年ごとに選挙で選ばれる主任が経営を担い続けています。沖縄本島では近年コンビニの出店が急速に進んでいますが、奥集落から最寄りのコンビニまでは車で40分かかるそうで、共同店は今も変わらず集落の生活を支え続けています。**写真16**は店内に設けられている「お茶屋」コーナー。7月に行った時には集落で作られた新茶が販売されていました。

写真15

写真16

写真17

写真17は国頭村《くにがみそん》の国道58号線沿いで見かけた宇嘉共同スーパーの店舗跡です。２０１９年に「まるひら食堂」として再生しています。看板メニューは大きな唐揚げが売りの「げんこつ定食」や、ニンニクとミンチを使ったオリジナル料理「にんみんライス」などで、地域の食材を積極的に使っておられます。

近年、共同売店は地域内の相互扶助、地域コミュニティのハブや居場所という観点から注目を集めています。特に用事がなくても、ふらっと立ち寄ってゆんたくしたり、店主が高齢者の見守り機能を果たしていたりと、地域に不可欠の存在となっている売店もあります。共同売店は、地域の最寄品需要に応えるお店を、地域の人たち自身が維持・運営していく可能性について、多くを教えてくれる存在といえます。

5 エンクレーブ
同郷の人たちによる互助経済圏

写真18は大阪府大東市諸福《もろふく》の朝市の風景です。毎週日曜の早朝から午前10時頃まで、中国物産華龍食品とその周辺で開催されており、中国の野菜や食材、揚げ菓子、羊肉の串焼きなどが売られています。

中国人朝市がここで開かれるようになったのは１９９０年代後半のことです。近くにある公営団地に中国から帰国した残留孤児が入居し、周辺に二世や三世が引っ越してコミュニティを作ったことから、自然発生的に始まっています。中国東北部出身の方が多いそうで、商われている食材も中国東北部のものが目立ちます。

写真19は大阪府八尾市安中町にあるベトナム料理屋DONG AN（ドンアン）です。ご夫婦で営んでおられます。料理がとても美味しく、またご主人が気軽にお客さんに話しかける方なので、実家に帰って来たかのように寛げるいいお店です。

写真18

ご主人が日本に来られたのは１９８３年（昭和58年）のことです。ボートピープルとして日本に渡り、まず長崎県大村市の入国管理センターに、次に姫路市にある定住促進センターに収容され、日本語を教わってから日本の企業に就職。そしてベトナム人の奥さんと出会い、結婚。その後息子さんが生まれ、２００６年に奥さんがここでお店を始めました。ご主人は会社を定年退職した後に合流し、今は家族でお店に立っておられます。お客さんはベトナム人と日本人が半々ぐらいだそうで、僕が行った時にはベトナムとキルギスからの留学生が来ていました。ご主人は彼女たちにも気軽に話しかけ、店内は暖かい雰囲気に包まれていました。

写真20は八尾市南本町で見かけた食材雑貨店です。住宅街の中にある一軒家を改装して営業しています。中は結構広く、肉・野菜・麺類・スパイス・お菓子などが充実していました。八尾市高美町の周辺にはこのように、ベトナム料理店や食材店が点在しています。

写真19

写真20

ベトナム戦争は１９７５年（昭和50年）に終結しましたが、その後も国内では混乱が続き、多くの国民が祖国を離れる決断を迫られました。日本では１９７８年（昭和53年）にインドシナ難民の受け入れを決定。翌年から多くのベトナム難民が日本にたどり着くようになりました。八尾市では当初、高美町にあった炭鉱離職者のための雇用促進住宅に数家族が入居しましたが、その後人が人を呼び、ベトナム人コミュニティが出来上がっていきました。雇用促進住宅はすでに取り壊されており、ベトナム人たちは近隣の戸建て住宅で暮らしています。近年、技能実習生や留学生として日本に来た方々もこの界隈で暮らしているようです。現在、八尾市内に暮らすベトナム人の数は２５００人（２０２３年）となっています。

このような、周りを異なる民族に囲まれた少数民族の集団や居住地域を「エンクレーブ」といいます。同郷の出身で、言葉や習慣や文化が同じで、境遇が近しい人たちが身近にいることで安心が得られ、仕事を斡旋したり、金銭の貸し借りをしたりと経済的に支え合うこともできる。こうした在日外国人による小さな互助経済圏は、近年あちこちに出来ています。ある程度人数が集まると、郷土の食材や調味料を商う食料品店や郷土料理店ができるので、僕のようなよそ者でもアクセスできるようになります。

写真21

写真22

では、こうしたエンクレーブが大きくなると、どうなるのでしょう？

写真21は愛知県豊田市にある保見団地です。手前の駐車場の金網に「バーベキュー禁止!!」と日本語とポルトガル語で書かれた看板が出ています。

保見団地の入居・分譲が始まったのは１９７７年（昭和52年）。１９８０年代後半になると、同団地にはトヨタ関連の工場に出稼ぎに来た日系ブラジル人が暮らすようになりました。背景にはバブル景気による人手不足と、ブラジルの経済破綻がありました。１９９０年の出入国管理及び難民認定法（入管法）改正により、かつて海外に移民した日本人の子孫に「定住者」という在留資格が与えられたことでデカセギブームが起き、保見団地にも多くの日系ブラジル人が暮らすようになりました。２０１７年からは外国人の数が日本人を上回るようになり、２０２４年現在、住民約６７００人のうち外国人が約３８００人と57％を占め、そのうち85％以上が日系ブラジル人となっています。

写真22は保見団地内にあるスーパーマーケットの店内です。ブラジルの国旗が掲げられ、ミートコーナーにはブラジル料理で重宝しそうな肉類が並べられています。**写真23**は団地内のショッピングセ

写真23

写真24

ンターの看板。ブラジル人向けの飲食店・美容室・フィットネス・自動車販売店・学校などが入居していることが分かります。

保見団地ではかつて、日系ブラジル人らによるゴミ出しのルール違反や違法駐車、深夜の騒音などをめぐり日本人住民との軋轢が深刻化していました。１９９９年（平成11年）には、一部のブラジル人と右翼関係者のトラブルから大型街宣車が放火され、両者がにらみ合う中で機動隊が出動する騒ぎが起こっています。

団地の中にある、日本人が経営する飲食店で、ご主人からこんな話を聞きました。

最初の頃はすごくいい関係だった。彼らは礼儀正しく、日本人のお年寄りの荷物を持ってあげたりしていた。このお店にも昔はブラジルの子たちがよく来ていて、甘いケーキをよくもらった。

彼らは本国では貧しかった。こっちに来て最初の給料で買ってブラジルに送ってあげた時計を子どもが学校に持っていって自慢したら、家に帰るまでになくなっていたという話を聞いた。

だが、彼らの数が増えてくると、工場では働いていない人たちも団地で暮らすようになってきた。そして自分たちの言葉だけで話すようになっていった。

写真25

保見団地の入口近くにあるコンビニの駐車場では、夕方に串焼きとビールの屋台が出ていました（**写真24**）。お客さんはほとんどが日系ブラジル人で、仕事帰りに集まって一杯やっていました。このように、保見団地では高齢化した日本人と、それより若い日系ブラジル人の２つのコミュニティがほとんど交わることなく存在しているように見えます。

少子化・高齢化の進行により、この国は今後さらに多くの移民労働力に頼ることになります。こういう局面において、地域社会を分断させることなく、文化的に多様なコミュニティを醸成していくにはどうすればいいのか。そんなことを考えつつ、僕はエンクレーブに足を運ぶのです。

6 ローカルと移住
移住者が地域の可能性を拡げる

写真25は神奈川県真鶴町にある「真鶴出版」。ＪＲ東海道本線真鶴駅から徒歩10分の、路地の奥に隠れ家のように佇んでいます。川口瞬さんと奥さんの來住友美さんは２０１５年にここに移住し、真鶴出版を創業。出版活動をしつつ、一日一組限定でお客さんを受け入

写真26

れる〝泊まれる出版社〟というスタイルで営業されています。

真鶴町は、東京から鉄道で約1時間半の場所にある小さな港町です。熱海と湯河原のすぐ近くにあり、バブルの時期には50棟前後のマンション建設計画が持ち込まれましたが、一定以上の大きさの建物には水を供給しないと定めた「水の条例」を作ることで計画を止め、さらに「美の条例」と呼ばれる真鶴町まちづくり条例を制定し、真鶴の町で建物を建てたり、土地を造成したりする際のルールや手続きを定め、開発に一定の規制をかけています。そのおかげで真鶴には高い建物が建たず、今の美しい景観を保っています（**写真26**）。

真鶴出版では、泊まったお客さんを連れて町内を案内する「町歩きツアー」を実施されています。真鶴のまちと「美の条例」について説明した後に、1時間半から2時間ほどかけて、背戸道と呼ばれる細い路地を巡りながら、商店主と話したり、干物を楽しんだり、真鶴の暮らしをちょっとだけ体験できる

写真27

というものです。

そして川口夫妻を通じて真鶴という町の存在を知り、真鶴に移住して自分なりの新しい生き方を模索する人たちが現れてきています。

真鶴漁港の近く、宿浜通り商店街の一角に「草柳商店」という酒屋があります（**写真27**）。店主の草柳重成さんは真鶴で生まれ育ち、高校卒業後に東京に出てバンド活動をしておられましたが、25歳の時に真鶴に戻りました。地元のお酒にこだわり、地元での音楽イベントに関わり、常連さんも外からの人たちも楽しめる雰囲気を作り、興が乗ってくると、お店でライブを始める。そんなフリースタイルなお店を30年も続けておられます。このお店に出会ったことで真鶴への移住を決めた方も、少なからずおられるようです。

写真28は、香川県高松市・男木島にある「ダモンテ商会」というパン屋です。フェリーが着く港の横の階段の上にあります。店主は２０１６年に男木島に移住し、築１００年の古民家の納屋を10ヶ月かけてリノベートして、２０１７年に開店。パンを焼き、お菓子を作り、小麦を栽培し、ニワトリを飼い、イノシシを獲って捌き、そして子どもを育てておられます。店内には2階席があり、そこから港が望めます。

昼12時半頃に行った時には、机の上に出荷用の箱が重ねられ、こ

写真28

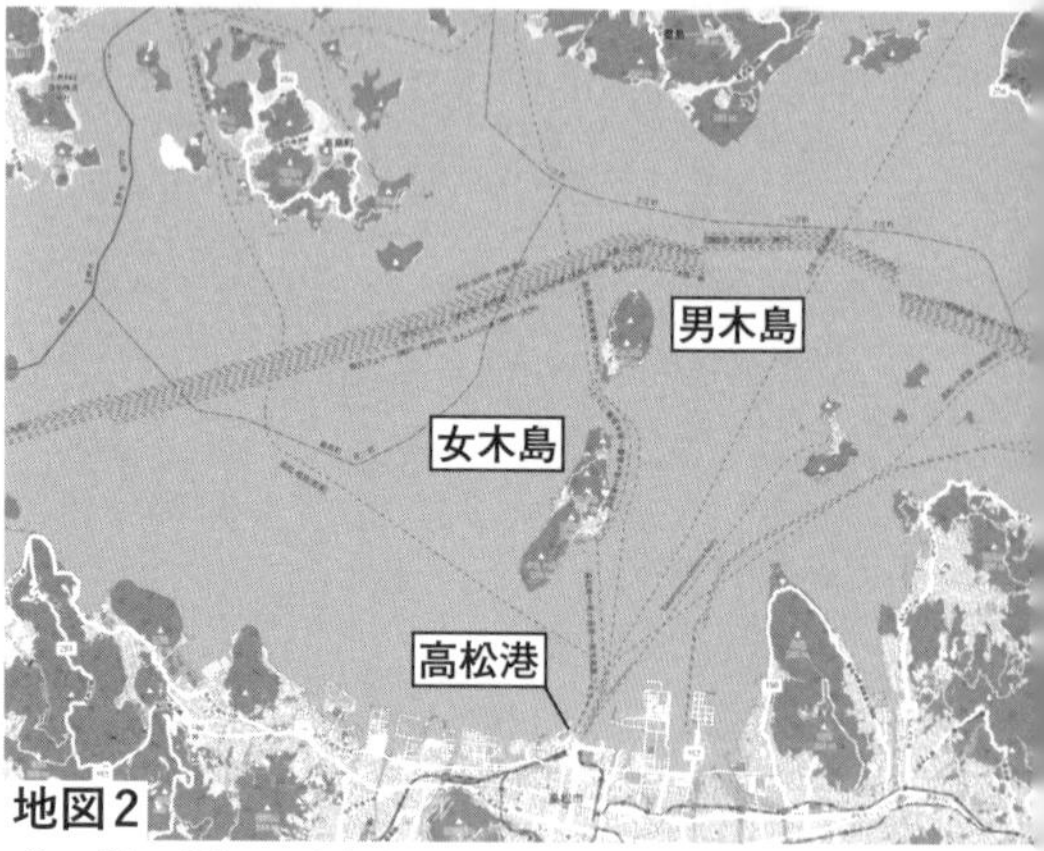

地図2

©OpenStreetMapcontributors

れからパンを梱包するようでした。そこにヤマト便のお兄さんが現れ、まだ出荷の準備ができていないのを見て、焦った様子で「また後で来ますね」と。昼1時出航の高松行フェリーに載せる荷物です。

コーヒーとケーキを頼んでいた僕が「後で出直しましょうか?」と言うと、店主は「大丈夫。いつもこんな感じだから。でも宅配便のお兄さんは焦るでしょうね」と。

男木島は、高松港からフェリーで40分のところにあります（**地図2**）。高松を出たフェリーは20分後に女木島に泊まり、そこから20分で男木島に到着します。高松から女木島・男木島の間には、雌雄島海運のフェリーが日に6往復しています。

男木島の人口は２０２４年現在１４５名。うち約60人が移住者で、その半数を子育て世代が占めています。きっかけを作ったのが福井大和さん・順子さん夫妻です。大和さんは男木島出身で、順子さん・娘さんとともに２０１４年にUターンしています。２０１０年から始まった瀬戸内国際芸術祭で、男木島のWEBサイト制作の仕事を依頼されたことから娘と一緒に1ヶ月間島に滞在した大和さんは、島の活気が失われてしまっていること

写真29

写真30

に心を痛め、一家での移住を決心しました。

ところがそのタイミングで、島にあった小学校・中学校の休校が決まりました。大和さんたちは学校再開に向けて署名を集め、市と話し合いを重ねました。それが功を奏し、２０１４年に仮校舎での学校再開が決定。Ｕターン・Ｉターンで島に住み始めた3世帯の子どもたち6人が、島の小中学校に通えるようになりました。２０１６年には保育所も開所しています。

大和さんが空き家の整備や移住者の受け入れを進めるかたわら、順子さんは古民家を改装して、２０１６年に「男木島図書館」を立ち上げました。図書館は地域の人たちや、観光客、移住に関心を持つ人たちとの交流の場所であるとともに、新たな移住者を迎えるための拠点にもなっています（**写真29、30**）。

男木島を再訪した２０２４年には、「男木島、未来の教育プロジェクト」と称する、アクティブ・ラーニングやプロジェクト型学習の取り組みが保護者の方々から起こってきていると聞きました。この島だからこそ受けられる教育を充実させることで、さらなる地域の魅力を生み出そうとされているようです。

近年ではリモートワーク環境の整備や働き方の変化が進み、ローカル移住へのハードルが下がってきています。また関係人口的に頻

写真31

繁に地域を訪れ、地域の活性化に貢献する人たちも増えてきています。若い移住者が地域の魅力を発信し、さらなる移住促進や子育て環境の充実などの取り組みを行うことで、新たなコモンズを創り出している。そんな軌跡をたどっている地域を訪れると、地域経済の新たな可能性を感じることができます。

7 制度というコモンズ

地域を持続的に変えていく力

写真31は徳島県神山町にある「豆ちよ焙煎所」です。２０１８年に神領の寄井商店街にオープンしています。

店主の千代田孝子さんがＷＥＢクリエイターの旦那さんと一緒に神山町に移住したのは２０１２年。手回しロースターで焙煎を始め、数年間はお店を持たず、珈琲豆をカフェに卸したり、イベントに出店したりされていました。神山町の民家改修プロジェクトによって改修された「寄井の家と店」のテナン

写真32

ト入居者募集に応募し、選考を経て入居されています。

写真32はそのそばにある「えんがわオフィス」。築１００年ほどの民家と蔵を、映像制作・システム開発などを手がける企業のサテライトオフィスへと改修しています。外壁はガラス張りとなっていて、外周には縁側空間を設け、地域の人が気軽に立ち寄れるようになっています。

神山町は、鮎喰《あくい》川の上中流域にある山々に囲まれた地域で、徳島市中心部から車で40分の場所に位置しています（**写真33**）。かつては農林業で栄えていましたが、１９７０年代以降には過疎化が進んでいます。人口は２０２５年1月1日現在４６７３名です。

神山町に映像やＩＴ関連企業がサテライトオフィスを構えるようになったのは、２０１０年頃のことです。オンラインで最先端の仕事をするという新しい働き方が注目を集め、「地方創生の成功例・神山モデル」として知られるようになりました。

神山町のまちづくりの中心的役割を担ってきたのは、特定非営利活動法人「グリーンバレー」です。アーティスト・イン・レジデンス、移住促進やサテライトオフィスの誘致、半年間無料で地域活動を学べる「神山塾」の開催などの活動を、長年にわたって続けておられます。その取り組みが実を結ぶように、サテライトオフィスの誘致が実

写真33

現しています。

2015年、国による地方創生が始まりました。全国の市町村では「地方版総合戦略」が策定されましたが、神山町ではこの時に、町内の40代以下の役場・民間のキーマンに声をかけ、半年近くをかけて勉強会と話し合いを重ねて「まちを将来世代につなぐプロジェクト」をまとめています。そしてその推進役として一般社団法人「神山つなぐ公社」を設立しています。

写真34は国道438号線沿いにある「かま屋」。神山町の食材で作られた料理が提供される食堂です。店内には野菜を提供している生産者の名札が掛けられています（**写真35**）。

かま屋を営む株式会社フードハブ・プロジェクトは、東京から神山町に移住した真鍋太一さんと、神山町で農家を営み、町役場で農政に携わっていた白桃薫さんが創生戦略の話し合いを通じて出会い、「地域の農業と食文化を次の世代につなぐ」ことを目的に立ちあげた事業です。フレンチのシェフが料

写真34

写真35

理を手がけ、その日その日に取れた地元の食材を使って、即興的にメニューを決めているのだそうです。

フードハブ・プロジェクトが目指しているのは「農業の担い手育成」です。新規就農者を受け入れて農業を営み、育てた農産物を使った食堂・パン屋・食品店を運営し、地元の食材で加工品を製造・販売しています。近年は神山町立の小中学校の給食や、まちに新しくできた「神山まるごと高専」の寮の食事も提供しています。

また、総合戦略の中で描かれた「すまいづくり」のプロジェクトとして「大埜地《おのじ》の集合住宅」があります（**写真36**）。子育て・働き盛りを中心に、将来世代につながる人々が人生のある時期を暮らし、新たな関係性を育み合える場として、20戸の賃貸住宅を町の賃貸住宅として整備されています。

建物は分棟型の木造建築として設計され、かつ4年間にわたって開発し、一棟ごとに募集していく方法を取ることで、町産の木材を使い、地元の大工や業者に仕事を依頼する形で建てられています。また敷地内には「鮎喰川コモン」と呼ばれる共有空間を設け、その中にある「コモンハウス」は子どもたちの遊び場や、町の誰もが立ち寄れるコミュニティ施設として活用されています。

経済学者の宇沢弘文は、ゆたかな経済生活を営み、すぐれた文化

写真36

を展開し、人間的に魅力ある社会を安定的に維持することを可能にする社会的装置を「社会的共通資本」と名付けています。その中には、大気、海洋、森林、河川、水、土壌などの「自然環境」、道路、交通機関、上下水道、電力・ガスなどの「社会的インフラストラクチャー」、教育、医療、司法、金融、文化などの「制度資本」という3つのカテゴリーが含まれるとされています。

神山町の取り組みは、官民での話し合いの方法を変え、そこから総合戦略を創り出し、計画の推進役としての公社を設けることで、「そのときどきに必要な仕事や活動がほどよく生まれている」状態となることを目指しています。それは地域において「制度資本」としての文化を創り出し、共有し、一人の大立者に頼ることなく、地域を持続的に変えていく力を身につけていく、そういう営みのように思えます。

神山町では近年、転入者数が転出者数を上回る年もあります。ただ、少子高齢化が進み、人口の自然減が社会増を上回っていることから、人口は減少を続けています。地域の未来を作っていくための歩みは、これからも続いていくことでしょう。

写真37

コラム 150人の島に必要な仕事と役割

写真37は男木島で朝、港にフェリーが着いた時の様子です。右側には船から下りてきた人たち、真ん中にはこれから船に乗る人たちが見えます。どちらも荷物運搬用のキャリアを持っていますが、真ん中の人たちが持っているのは4輪です。男木島ではオンバ（乳母車）と呼ばれていて、車が入れない狭い路地や坂道が多い島での物資運搬に重宝されています。2010年の瀬戸内国際芸術祭ではこのオンバをアート作品化し、日常の暮らしで使ってもらう「オンバ・ファクトリー」というプロジェクトが参加され、以降12年間活動を継続されました。現在でもアートオンバは島の暮らしに定着しているようです（**写真38**）。

写真39は港のそばで軽トラから荷物を下ろす男性たちと、台車を持って荷物を受け取りに来た方です。荷物を分けておられるのはフェリーの運営会社の方々です。

写真39

写真38

男木島では、食料品や日用品を買えるお店は、ＪＡの出張所が営む売店1軒だけしかないので、週に1回、2週に1回、高松まで買い出しに行くという人が結構多いそうです。

高松港から男木島までのフェリーの所要時間は40分。船を持つ漁師以外は、島外への移動や物資の運搬はフェリーに頼ることになります。離島での暮らしは、生活物資をどこで買い、どうやって運ぶかというオペレーションシステムの上に成り立っています。

写真40は、おばあさんが新聞を受け取り、自転車のカゴに載せている光景です。男木島では新聞配達の仕事は個人が請け負っています。また島にはガソリンスタンドがなく、冬になる前に灯油販売員の募集がかかるそうですが、これも新聞配達と同じく、その時々で手を挙げた人の小さな仕事になるようです。

男木島の人口は、２０２４年現在で１４５人。島で暮らす人たちは役場や学校、郵便局、診療所、介護施設に務めていたり、漁業や民宿、飲食店経営などに携わっていたりしますが、人口規模がこのぐらいになると、公務員以外は専業の仕事で食べていくのが難しくなります。

かつての男木島での暮らしは、漁業に大きく依存していました。海に囲まれ、漁場に恵まれた男木島では、サワラ、マナカツオ、タ

写真40

イ漁が昔から盛んで、現在はタコ漁、底引き漁、サザエ・アワビなどの素潜り漁も行われています。ただ近年は、漁師の高齢化、後継者不足などの問題を抱えています。そして何よりも、魚が獲れなくなっているそうです。24時間かけて獲った魚の売上が2万円で、船の燃料代がその半分近くになるとやっていけない、という話を聞きました。

島には平地が少なく、大きなため池もないため水田を営むことは困難で、農業としては急斜面に作った段々畑で豆類や花卉《かき》、タバコなどを栽培していたそうです（**写真41**）。また島にはかつて、牛を飼育して農繁期に高松方面に貸し出す「借耕牛《かりこうし》」という生業がありました。讃岐平野には水田や畑が多く、牛馬を飼う余地が十分ではなかったため、徳島県や男木島・女木島から牛を借り、その借り賃として島に米や麦がもたらされていました。

近年に男木島に移住した人たちの中には、ＩＴ系の仕事などで〝外貨〟を稼ぐことができる人と、島で起業して島内外で売上を立てている人、公務員などの仕事に就いている人、高松に働きに出ている人がおられます。近年はリモートワークの普及により、島にいながらできる仕事も増えてきていると聞きました。

一方で、現代の日常生活を成り立たせるためには、誰かがインフ

写真41
男木港から男木島中心部を望む

ラを維持し、生活サービスを提供する必要があります。人数が少ない場合には、そのために一人ひとりが複数の仕事や役割を果たす必要があります。

男木島での生活を支えるインフラについて、男木島図書館の福井順子さん・齊藤美紀さんに伺ってみると、離島ゆえの大変さが見えてきました。

電気は、高松から女木島までは海底ケーブルで、そこから男木島へは送電線で送られています。台風などで停電になると、四国電力の方が夜通しで復旧作業に当たるそうです。生活用水はかつては井戸水で、1976年（昭和51年）に簡易水道が設営され、高松から給水船で運んだ水が供給されるようになり、97年には海底送水管が敷設され、高松から直接水が届くようになりました。下水道はなく、浄化槽を設置しているか、収集業者が船などで収集しています。ガスはプロパンで、高松から運ばれてきます。

日本郵便とヤマト宅配便は、戸別配送をしてくれます。通信環境については、光海底ケーブルが敷設されたことで、2022年3月からNTT「フレッツ光」による高速・大容量の通信が実現しています。

島にある施設は、JAの出張所、簡易郵便局、国民健康保険診療所、コミュニティセンター、デイサービスセンターなどで、郵便配達以外の仕事の多くは高松からの通いの方々が担っています。教育環境としては、先にみたように2014年には小学校・中学校が再開され、2016年に保育所が開所しています。

イギリスの人類学者ロビン・ダンバーは、霊長類の脳の大きさと平均的な群れの大きさとの間に相関関係を見出し、そこから人間が円滑に安定して維持できる関係は150人程度で、この数を超えると、グループの団結と安定を維持するために、より拘束性のある規則や強制的なノルマが必要になる、と主張しています。

この「ダンバー数」には異論もあるようですが、オフィスの収容人数を150人以内にするなど、組織のマネジメント手法として採用している企業もあるようです。

人口150人の島では、全員の顔や人となりを知り、協力し合いながら生活を営むことになります。もともとの島民と移住者とが、それぞれの生業を追求しつつ、生活基盤を共有し、文化や風習を守り伝えていくことで、コモンズを再形成していく。

いまの男木島での暮らしについて知ることは、未来の社会やこれからの地域経済のあり姿を思い描くにあたって、大きなヒントになるように思えます。

おわりに

みなさま、最後までお付き合いいただき、ありがとうございました。

この本で僕が意識したのは、現代の日本地理の副読本のような「まち歩き本」を作るということでした。中学や高校の地理の副読本には、写真や地図、図、グラフなどがふんだんに紹介されています。それらのビジュアルを入口にして、世界のさまざまな国や地域にどんな暮らしや経済活動があるのか、そして私たちの地球はどんな問題を抱えているのかを伝えてくれます。

この本の各トピックスは、1枚の写真から始まります。そこに写り込んでいるまちの風景から、僕らは何を読み取ることができるのか、そういうナビゲートをしてみたいと思ったのです。

かつての人々の暮らしは、生産活動とともにありました。人々の多くは生業としての農業・漁業・林業に従事しており、穀物や野菜、換金作物を栽培したり、収穫物を食品や嗜好品、生活用品に加工したり、それらを売り歩いたりしていました。生産や運搬は人力や畜力、水力、薪炭などのエネルギーで賄われ、それらを含めた生業の総体が地域経済を作り上げていました。

産業革命を経て生産活動が大規模化し、化石燃料や電力などのエネルギーが用いられ、鉄道・自動車・船舶などの移動・運搬手段が登場するようになると、地域における経済活動は人々の暮らしから徐々に乖離していきました。住宅地で暮らし、工場から離れたオフィスで働くようになると、自身が生産活動に関わっているという実感を得ることが難しくなっています。

消費という点から経済活動を見てみても、世の中は目まぐるしく変化しています。かつての店は都や城下町、門前町、街道筋などに存在しましたが、近代になると百貨店、商店街、スーパーマーケットなどが登場し、クルマ社会化や経営の大資本化にともないチェーン店、コンビニエンスストア、ロードサイドショップ、ショッピングモールといった業態が発展し、消費活動の中心を占めるようになりました。現在では店舗の大資本化・チェーン化が進み、全国どこに行っても同じような風景が展開するようになりました。

現在、まちから地域の経済活動を読み解くのは、なかなかに困難です。それだけでなく、若い世代の人たちが、地域の経済が自分たちの暮らしと地続きであると実感すること、そこに積極的に関わる意味を見出すことも難しくなってきています。そんな時代の中で、地域の未来にどんな可能性を見出すことができるのだろう？この問いを前に悩み、まちを歩き続け、たどり着いたキーワードが「コモンズ」でした。

資本の論理が透徹しているように見えている現代社会においても、共有財産を地域のために活かす仕組みが残っていたり、コミュニティが支えるお店があったり、移住者を含めて共同体を再編成し、持続させていく取り組みがあります。そこには、小さいながらも〝わたしたちの経済圏〟を生み出し、守っていこうという強い意志を感じます。

日本では現在、人口減少と少子高齢化が急速に進行しています。このことは必然的に、税収の減少と医療や福祉にかかる社会保障費の増加を地域にもたらします。行政が担ってきた〝公助〟は、今後おそらく縮小を余儀なくされるでしょう。では、私たちが暮らす地域社会は、誰がどのように守り支えていくのか。一人ひとりがこの問いを自分ごととして考えることが、今後さらに必要になるはずです。

地域経済という視点からまちを観る、というこの本の試みが、多くの人が暮らしと地域とのつながりを意識し直すこと、〝コモンズ＝わたしたちの経済圏〟をより豊かなものにしていくことにつながれば幸いです。

２０２５年２月

山納　洋

著者紹介

山納 洋（やまのう　ひろし）

1993年大阪ガス入社。神戸アートビレッジセンター、扇町ミュージアムスクエア、メビック扇町、大阪21世紀協会での企画・プロデュース業務を歴任。2010年より大阪ガス近畿圏部において地域活性化、社会貢献事業に関わる。現在大阪ガスネットワーク(株) エネルギー・文化研究所に所属。一方でカフェ空間のシェア活動「common cafe」「談話室マチソワ」、トークサロン企画「Talkin'About」、まち観察企画「Walkin'About」などをプロデュースしてきた。

著書に『common cafe』（西日本出版社、2007年）、『カフェという場のつくり方』（学芸出版社、2012年）、『つながるカフェ』（学芸出版社、2016年）、『地域プロデュース、はじめの一歩』（河出書房新社、2018年）、『歩いて読みとく地域デザイン』（学芸出版社、2019年）、訳書に『分断された都市』（学芸出版社、2020年）がある。

歩いて読みとく地域経済

地域の営みから考えるまち歩き入門

2025年3月15日　第1版第1刷発行

著　　者……山納 洋

発 行 者……井口夏実

発 行 所……株式会社学芸出版社
〒600-8216　京都市下京区木津屋橋通西洞院東入
電話075-343-0811
http://www.gakugei-pub.jp
Email：info@gakugei-pub.jp

編集担当……岩崎健一郎

D　T　P……梁川智子

装　　丁
イラスト……テンテツキ　金子英夫

印　　刷……イチダ写真製版

製　　本……新生製本

ISBN978-4-7615-2921-5　　Printed in Japan

＊本書の関連情報を掲載しています。
https://book.gakugei-pub.co.jp/gakugei-book/9784761529215/

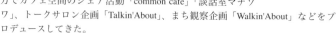